AF294846

Seneca

Epistulae morales ad Lucilium

Liber VI
Epistulae LIII-LXII

Latein/Deutsch

Michael Weischede

Herstellung und Verlag:
BoD – Books on Demand, Norderstedt

ISBN 9783754311127

Bibliografische Information der Deutschen Nationalbibliothek

Die Deutsche Nationalbibliothek verzeichnet diese Publikation in der
Deutschen Nationalbibliografie; detaillierte bibliografische Daten sind im
Internet über http://dnb.dnb.de abrufbar.

Vorwort

Senecas Briefe an seinen Freund Lucilius gehören zu den wenigen Texten der lateinischen Literatur, die auch nach dem Zusammenbruch des Römischen Reiches nicht in Vergessenheit gerieten. Während die meisten Publikationen der Antike erst in der Renaissance „wiedergeboren" wurden, fanden die Epistulae morales ad Lucilium bis in unsere Zeit hinein durchgängig eine interessierte Leserschaft. Aus diesem Grund herrscht auch heute kein Mangel an Übersetzungen der Briefe. Es erschien mir deshalb wenig sinnvoll, eine weitere hinzuzufügen, ohne einen gesonderten Schwerpunkt zu setzen. Ich habe mich deshalb ganz bewusst für ein möglichst text- und wortgetreues Vorgehen entschieden und mich dabei, soweit es ging, an die Wortvorschläge der gängigen Lexika gehalten (Georges, PONS, Stowasser, Langenscheidt usw.). Vor allem Schülern sollte es auf diese Weise leichter fallen, die Übersetzung aus dem Lateinischen nachzuvollziehen und bei Bedarf mit ihren eigenen Bemühungen zu vergleichen.

Der lateinische Textteil stammt aus verschiedenen Internetquellen, wobei das Augenmerk auf der Gemeinfreiheit lag. Er ist also nicht editiert, und ich habe mir zudem erlaubt, ihn hier und da an meine stilistischen Vorlieben anzupassen. Für ein ernsthaftes wissenschaftliches Arbeiten ist er dementsprechend nicht geeignet. Er soll nur aufzeigen, auf welcher Grundlage die Übersetzung erfolgte.

Soweit mir meine Motivation für dieses Projekt nicht abhanden kommt, werde ich nach und nach alle 20 Bücher mit den Briefen an Lucilius übersetzen und veröffentlichen. Bei meiner eher gemächlichen Arbeitsweise kann das allerdings einige Zeit dauern ...

Dortmund im Juni 2021

Liber VI – Epistula LIII

Seneca Lucilio suo Salutem,

(1) Quid non potest mihi persuaderi, cui persuasum est ut navigarem? Solvi mari languido; erat sine dubio caelum grave sordidis nubibus, quae fere aut in aquam aut in ventum resolvuntur, sed putavi tam pauca milia a Parthenope tua usque Puteolos subripi posse, quamvis dubio et impendente caelo. Itaque quo celerius evaderem, protinus per altum ad Nesida derexi praecisurus omnes sinus.

(2) Cum iam eo processissem ut mea nihil interesset utrum irem an redirem, primum aequalitas illa quae me corruperat periit; nondum erat tempestas, sed iam inclinatio maris ac subinde crebrior fluctus. Coepi gubernatorem rogare ut me in aliquo litore exponeret: aiebat ille aspera esse et importuosa nec quicquam se aeque in tempestate timere quam terram.

Buch 6 – Brief 53

(1) Wozu kann man mich nicht überreden, der ich überredet wurde, in See zu stechen? Bei ruhiger See bin ich abgesegelt; der Himmel war zweifelsohne schwer von schmutzig grauen Wolken, die sich gewöhnlich entweder in Regen oder in Sturm auflösen, aber ich glaubte, mich die so wenigen Meilen von deinem Parthenope bis nach Puteoli bei noch so gefährlicher und drohender Witterung heimlich durchstehlen zu können. Und so habe ich mich, um desto schneller zu entrinnen, sogleich über die offene See nach Nesis gewendet, in der Absicht, die ganzen Buchten abzukürzen.

(2) Nachdem ich schon so weit vorangekommen war, dass es für mich überhaupt keinen Unterschied machte, ob ich weitersegelte oder zurückkehrte, verschwand zuerst jene gleichmäßige [Wasser-]Oberfläche, die mich verleitet hatte; es gab noch kein Unwetter, aber alsbald eine Veränderung des Meeres und gleich darauf in kürzeren Abständen wiederkehrende Meereswogen. Ich schickte mich an, den Steuermann zu bitten, mich an irgendeiner Küste abzusetzen: dass sie rau und ohne Hafen sind, behauptete er, und dass er bei Sturm nichts in gleicher Weise fürchtet wie das Land.

(3) Peius autem vexabar quam ut mihi periculum succurreret; nausia enim me segnis haec et sine exitu torquebat, quae bilem movet nec effundit. Institi itaque gubernatori et illum, vellet nollet, coegi, peteret litus. Cuius ut viciniam attigimus, non exspecto ut quicquam ex praeceptis Vergilii fiat:

obvertunt pelago proras

aut

ancora de prora iacitur.

Memor artificii mei vetus frigidae cultor mitto me in mare, quomodo psychrolutam decet, gausapatus.

(4) Quae putas me passum dum per aspera erepo, dum viam quaero, dum facio? Intellexi non immerito nautis terram timeri. Incredibilia sunt quae tulerim, cum me ferre non possem: illud scito, Ulixem non fuisse tam irato mari natum ut ubique naufragia faceret: nausiator erat. Et ego quocumque navigare debuero vicensimo anno perveniam.

(3) Ich wurde andererseits allzu schlimm heimgesucht, als dass mir der Gedanke einer Gefahr gekommen wäre; es quälte mich nämlich diese auslaugende und endlose Seekrankheit, die die Galle reizt, sie aber nicht herausströmen lässt. Ich bedrängte daher den Steuermann und zwang ihn, ob er es wollte oder nicht, die Küste aufzusuchen. Sobald wir in deren Nähe gelangt sind, warte ich nicht ab, dass von den Anweisungen Vergils irgendeine ausgeführt wird:

die Vorderdecks wenden sie der hohen See entgegen

oder

der Anker wird vom Vorderschiff ausgeworfen.

Eingedenk meiner Geschicklichkeit als alter Liebhaber des kalten [Wassers] stürze ich mich, wie es sich für einen kalt Badenden gehört, [nur] mit einem Friesgewand gekleidet ins Meer.

(4) Was glaubst du, habe ich über mich ergehen lassen, während ich über die rauen Steine emporkroch, während ich vergeblich einen Weg suchte, während ich mir einen bahnte? Ich habe eingesehen, dass das Land nicht zu unrecht von den Seemännern gefürchtet wird. Es ist Unglaubliches, was ich ertragen habe, während ich mich selbst nicht rasch bewegen konnte. Nur so viel mach dir klar, dass Odysseus nicht so sehr wegen des zornig gewordenen Meeres dazu bestimmt war, überall Schiffbruch zu erleiden: er litt unter der Seekrankheit. Auch ich werde, wohin auch immer ich segeln muss, [erst] im zwanzigsten Jahr ans Ziel gelangen.

(5) Ut primum stomachum, quem scis non cum mari nausiam effugere, collegi, ut corpus unctione recreavi, hoc coepi mecum cogitare, quanta nos vitiorum nostrorum sequeretur oblivio, etiam corporalium, quae subinde admonent sui, nedum illorum quae eo magis latent quo maiora sunt.

(6) Levis aliquem motiuncula decipit; sed cum crevit et vera febris exarsit, etiam duro et perpessicio confessionem exprimit. Pedes dolent, articuli punctiunculas sentiunt: adhuc dissimulamus et aut talum extorsisse dicimus nos aut in exercitatione aliqua laborasse. Dubio et incipiente morbo quaeritur nomen, qui ubi ut talaria coepit intendere et utrosque distortos pedes fecit, necesse est podagram fateri.

(7) Contra evenit in his morbis quibus afficiuntur animi: quo quis peius se habet, minus sentit. Non est quod mireris, Lucili carissime; nam qui leviter dormit, et species secundum quietem capit et aliquando dormire se dormiens cogitat: gravis sopor etiam somnia exstinguit animumque altius mergit quam ut in ullo intellectu sui sit.

(5) Sobald sich mein Magen erholt hatte, der, wie du weißt, nicht gleichzeitig mit dem [Verlassen des] Meer[es] der Seekrankheit entrinnt, sobald ich den Körper durch Salböl wieder gestärkt hatte, begann ich über Folgendes nachzudenken: wie sehr uns das Vergessen unserer Verfehlungen zuteil wird, auch die des Körperlichen, die von Zeit zu Zeit auf sich aufmerksam machen, noch viel mehr diejenigen, die je verborgener, desto größer sind.

(6) Ein leichtes Fieber bleibt für einen unbemerkt; wenn es aber zugenommen hat und ein richtiger Fieberfall entbrannt ist, nötigt es auch dem Abgehärteten und einem, der viel aushalten kann, ein Zugeständnis ab. Die Füße tun weh, die Gelenke empfinden leichte Stiche: noch immer lassen wir es uns nicht anmerken und behaupten entweder, dass der Knöchel ausgerenkt ist, oder, dass wir uns bei irgendeiner Leibesübung angestrengt haben. Bei einer unbestimmten und [gerade] ihren Anfang nehmenden Krankheit wird ein Name gesucht, der – sobald sie begonnen hat, wie marternde Fußschrauben die Knöchel zu spannen, und ein Verkrüppeln der beiden Füße bewirkte – unausweichlich die Fußgicht einräumt.

(7) Ganz anderes geschieht bei den heutigen Krankheiten, bei denen die Seelen befallen werden: je schlechter es um einen steht, desto weniger spürt man es. Es gibt keinen Grund, sich zu wundern, mein teuerster Lucilius; denn wer einen leichten Schlaf hat, empfängt gleich nach dem Einschlafen Traumbilder und stellt sich manchmal beim Schlafen selbst als einen Schlafenden vor; ein schwerer, tiefer Schlaf löscht selbst die Träume und das Bewusstsein aus, er taucht allzu tief ein, als dass er eine Wahrnehmung seiner selbst haben könnte.

(8) Quare vitia sua nemo confitetur? Quia etiam nunc in illis est: somnium narrare vigilantis est, et vitia sua confiteri sanitatis indicium est. Expergiscamur ergo, ut errores nostros coarguere possimus. Sola autem nos philosophia excitabit, sola somnum excutiet gravem: illi te totum dedica. Dignus illa es, illa digna te est: ite in complexum alter alterius. Omnibus aliis rebus te nega, fortiter, aperte; non est quod precario philosopheris.

(9) Si aeger esses, curam intermisisses rei familiaris et forensia tibi negotia excidissent nec quemquam tanti putares cui advocatus in remissione descenderes; toto animo id ageres ut quam primum morbo liberareris. Quid ergo? Non et nunc idem facies? Omnia impedimenta dimitte et vaca bonae menti: nemo ad illam pervenit occupatus. Exercet philosophia regnum suum; dat tempus, non accipit; non est res subsiciva; ordinaria est, domina est, adest et iubet.

(10) Alexander cuidam civitati partem agrorum et dimidium rerum omnium promittenti 'eo', inquit, 'proposito in Asiam veni, ut non id acciperem quod dedissetis, sed ut id haberetis quod reliquissem.' Idem philosophia rebus omnibus: 'Non sum hoc tempus acceptura quod vobis superfuerit, sed id vos habebitis quod ipsa reiecero.'

(8) Warum bekennt sich niemand zu seinen Verfehlungen? Weil er immer noch in ihnen [verfangen] ist: einen Traum zu schildern, ist Sache desjenigen, der wach ist, und es ist ein Zeichen der Gesundheit, seine Verfehlungen einzugestehen. Lasst uns deshalb aufwachen, damit wir unsere Irrungen aufdecken können. Aber allein die Philosophie wird uns erwecken, allein sie wird den tiefen Schlaf abschütteln: widme dich ihr mit Leib und Seele. Du bist ihrer würdig, sie ist deiner würdig: fallt einander in die Arme. Allem anderen verweigere dich, mutig, vor allen Augen; es gibt keinen Grund [nur] vorübergehend zu philosophieren.

(9) Wenn du verdrießlich wärst, hättest du die Aufsicht über den Haushalt ausgesetzt und dir deine das Forum betreffenden Angelegenheiten gestrichen, und du hieltest niemanden für so bedeutend, um bei einer geistigen Erholung für ihn als Anwalt [dort] hinunterzugehen; mit ganzem Herzen würdest du darauf hinarbeiten, dich möglichst bald von deinem Kummer zu befreien. Was nun also? Wirst du jetzt nicht auch dasselbe tun? Beseitige alle Hindernisse und nimm dir Zeit für eine heilsame Denkart: niemand gelangt zu ihr, während er vielbeschäftigt ist. Die Philosophie übt ihre Herrschaft aus; sie überlässt die Zeit, sie empfängt sie nicht; sie ist keine Nebensache; sie ist Hauptsache; sie ist eine Herrin – sie erscheint und befiehlt.

(10) Einer Bürgerschaft, die ihm einen Teil ihrer Ländereien und die Hälfte aller Besitztümer versprach, entgegnete Alexander: „Ich bin mit der Absicht nach Asien gekommen, nicht das entgegenzunehmen, was ihr [mir] überreicht, sondern damit ihr das behaltet, was ich übrig lasse." Dasselbe [sagt] die Philosophie in jeder Lage: „Ich habe nicht die Absicht, diejenige Zeit zu empfangen, die ihr übrig lasst, sondern ihr werdet diese bekommen, die ich selbst verschmähe."

(11) Totam huc converte mentem, huic asside, hanc cole: ingens intervallum inter te et ceteros fiet; omnes mortales multo antecedes, non multo te dii antecedent. Quaeris quid inter te et illos interfuturum sit? Diutius erunt. At mehercules magni artificis est clusisse totum in exiguo; tantum sapienti sua quantum deo omnis aetas patet. Est aliquid quo sapiens antecedat deum: ille naturae beneficio non timet, suo sapiens.

(12) Ecce res magna, habere imbecillitatem hominis, securitatem dei. Incredibilis philosophiae vis est ad omnem fortuitam vim retundendam. Nullum telum in corpore eius sedet; munita est, solida; quaedam defetigat et velut levia tela laxo sinu eludit, quaedam discutit et in eum usque qui miserat respuit. Vale.

(11) Hierhin lenke dein ganzes Denken, dieser widme dich, diese halte in Ehren: sie wird einen gewaltigen Abstand zwischen dir und den übrigen hervorrufen; du wirst allen Sterblichen weit vorausgehen, nicht weit voraus werden dir die Götter gehen. Du suchst zu ergründen, inwiefern ein Unterschied zwischen dir und letzteren bestehen wird? Sie werden länger existieren. Doch, wahrhaftig, es ist typisch für einen großen Künstler, das Ganze in Wenigem eingeschlossen zu haben; so wie dem Weisen die ihm eigene Zeit zugänglich ist, so einem Gott [die Zeit] in ihrer Gesamtheit. Etwas gibt es, worin der Weise einen Gott übertrifft: jener fürchtet sich nicht infolge eines natürlichen Vorrechts, der Weise infolge seiner ihm eigenen Art und Weise.

(12) Betrachte es als einen großen Vorteil, die Schwäche eines Menschen, die Furchtlosigkeit eines Gottes zu haben. Die Philosophie besitzt die unglaubliche Stärke, einen jeden eventuellen Angriff zu vereiteln. Keine Waffe senkt sich in ihren Körper; fest steht sie, unerschütterlich; einige entkräftet sie und leichte Geschosse pariert sie gleichsam spielerisch mit dem lockeren Bausch [ihrer Toga], einige hintertreibt sie und weist sie stets an denjenigen zurück, der sie ausgesandt hatte. Lebe wohl.

Liber VI – Epistula LIV

Seneca Lucilio suo Salutem,

(1) Longum mihi commeatum dederat mala valetudo; repente me invasit. 'Quo genere?', inquis. Prorsus merito interrogas: adeo nullum mihi ignotum est. Uni tamen morbo quasi assignatus sum, quem quare Graeco nomine appellem nescio; satis enim apte dici suspirium potest. Brevis autem valde et procellae similis est impetus; intra horam fere desinit: quis enim diu exspirat?

(2) Omnia corporis aut incommoda aut pericula per me transierunt: nullum mihi videtur molestius. Quidni? Aliud enim quidquid est aegrotare est, hoc animam egerere. Itaque medici hanc 'meditationem mortis' vocant; facit enim aliquando spiritus ille quod saepe conatus est.

(3) Hilarem me putas haec tibi scribere quia effugi? Tam ridicule facio, si hoc fine quasi bona valetudine delector, quam ille, quisquis vicisse se putat cum vadimonium distulit. Ego vero et in ipsa suffocatione non desii cogitationibus laetis ac fortibus acquiescere.

Buch 6 – Brief 54

Seneca grüßt seinen Lucilius,

(1) Eine üble Krankheit hatte mir einen langen Urlaub zugestanden; unerwartet hat sie mich befallen. „Von welcher Art?" erkundigst du dich. Völlig zu Recht fragst du: noch dazu mir nichts [an ihr] unbekannt ist. Ich bin gleichwohl einer Art von Krankheit ausgeliefert worden, von der ich nicht verstehe, warum ich sie unter dem griechischen Namen anführen soll; man kann sie nämlich recht passend Atemnot nennen. Der Anfall ist jedoch sehr kurz und einem Sturmwind ähnlich; meist endet er innerhalb von einer Stunde: wer haucht freilich seinen Geist in längerer Zeit aus?

(2) Allerlei Beeinträchtigungen oder Gefahren für den Körper sind durch mich hindurchgezogen: nichts erscheint mir beschwerlicher. Warum nicht? Das andere nämlich, was es auch ist, heißt krank zu sein, dieses, die Seele auszuhauchen. Deshalb nennen die Ärzte es „Vorbereitung auf den Tod"; eines Tages bewirkt ein solches Atmen nämlich, was es oft versucht hat.

(3) Meinst du, dass ich dir dieses heiter gelaunt schreibe, weil ich davongekommen bin? Wenn ich mich über dieses Ende ebenso freue wie über einen guten Gesundheitszustand, benehme ich mich im gleichen Maße lächerlich, wie ein jeder, der glaubt, dass er die Oberhand erlangt hat, wenn er einen Verhandlungstermin verschoben hat. Tatsächlich habe ich selbst während des Erstickungszustands nicht aufgehört, mich mit erfreulichen und ermutigenden Gedanken zu beruhigen.

(4) 'Quid hoc est?', inquam, 'tam saepe mors experitur me? Faciat: at ego illam diu expertus sum.' 'Quando?', inquis. Antequam nascerer. Mors est non esse. Id quale sit iam scio: hoc erit post me quod ante me fuit. Si quid in hac re tormenti est, necesse est et fuisse, antequam prodiremus in lucem; atqui nullam sensimus tunc vexationem.

(5) Rogo, non stultissimum dicas si quis existimet lucernae peius esse cum exstincta est quam antequam accenditur? Nos quoque et exstinguimur et accendimur: medio illo tempore aliquid patimur, utrimque vero alta securitas est. In hoc enim, mi Lucili, nisi fallor, erramus, quod mortem iudicamus sequi, cum illa et praecesserit et secutura sit. Quidquid ante nos fuit mors est; quid enim refert non incipias an desinas, cum utriusque rei hic sit effectus, non esse?

(6) His et eiusmodi exhortationibus – tacitis scilicet, nam verbis locus non erat – alloqui me non desii; deinde paulatim suspirium illud, quod esse iam anhelitus coeperat, intervalla maiora fecit et retardatum est. At remansit, nec adhuc, quamvis desierit, ex natura fluit spiritus; sentio haesitationem quandam eius et moram. Quomodo volet, dummodo non ex animo suspirem.

(4) „Was bedeutet das?", frage ich. „Erprobt mich so oft der Tod? Soll er es tun: allein ich habe ihn schon eine lange Zeit erprobt." „Wann?", erwiderst du. Bevor ich geboren wurde. Der Tod ist das Nichtsein. Ich weiß bereits, wie es ist: nach mir wird das sein, was vor mir war. Wenn irgendetwas an Leiden darin liegt, muss es auch existiert haben, bevor wir in das Licht der Welt getreten sind; und doch haben wir damals keine Qual verspürt.

(5) Ich frage dich: Würdest du es nicht äußerst töricht nennen, wenn jemand meinte, dass es schlimmer um die Lampe steht, nachdem sie ausgelöscht wurde, als bevor sie entflammt wird? Auch wir werden ausgelöscht und entflammt: dieses und jenes erleiden wir in der dazwischenliegenden Zeit, zu beiden Seiten aber liegt eine tiefe Ruhe. Wenn ich mich nicht täusche, mein Lucilius, irren wir uns nämlich darin, dass wir glauben, dass der Tod [nur] nachfolgt, während er sowohl vorausgegangen ist als auch folgen wird. Alles was vor uns war, ist der Tod; was kommt es nämlich darauf an, ob du nicht anfängst oder ob du aufhörst, wenn dies die Auswirkung von beidem ist: das Nichtsein.

(6) Ich habe nicht aufgehört, mich mit diesen und gleichartigen Ermunterungen zu trösten – selbstverständlich im Stillen, denn für Worte war nicht die Gelegenheit; danach hat jene Beklemmung der Brust, die schon begonnen hatte, in Kurzatmigkeit umzuschlagen, allmählich größere Abstände eingelegt und ist aufgehalten worden. Sie blieb aber doch dauerhaft erhalten, und, obgleich sie abgelassen hat, strömt der Atem bis jetzt nicht entsprechend seiner Natur; ich verspüre in ihm eine Art von Stocken und eine Verzögerung. Wie er will – wenn nur das Ächzen nicht aus meiner Seele dringt.

(7) Hoc tibi de me recipe: non trepidabo ad extrema, iam praeparatus sum, nihil cogito de die toto. Illum tu lauda et imitare quem non piget mori, cum iuvet vivere: quae est enim virtus, cum eiciaris, exire? Tamen est et hic virtus: eicior quidem, sed tamquam exeam. Et ideo numquam eicitur sapiens quia eici est inde expelli unde invitus recedas: nihil invitus facit sapiens; necessitatem effugit, quia vult quod coactura est. Vale.

(7) Lass dir Folgendes von mir versprechen: ich werde bis zuletzt nicht verzagen, ich bin vollends gerüstet, für ein ganzes Leben plane ich gar nicht. Denjenigen lobe du und tue es ihm gleich, dem zu sterben kein Verdruss bereitet, obwohl es ihm gefällt zu leben: was ist es denn für eine Moral, zu gehen, wenn man hinausgeworfen wird? Dennoch liegt auch hier eine Charakterleistung vor: ich werde zwar hinausgeworfen, aber gleichsam als ob ich hinausgehen möchte. Und daher wird ein Weiser niemals hinausgeworfen, weil hinausgeworfen zu werden heißt, von dort vertrieben zu werden, von wo man sich gegen den Willen entfernt: ein Weiser macht nichts unfreiwillig; er entkommt der Notwendigkeit, weil er will, wozu sie ihn zwingen wird. Lebe wohl.

———

Liber VI – Epistula LV

Seneca Lucilio suo Salutem,

(1) A gestatione cum maxime venio, non minus fatigatus quam si tantum ambulassem quantum sedi; labor est enim et diu ferri, ac nescio an eo maior quia contra naturam est, quae pedes dedit ut per nos ambularemus, oculos ut per nos videremus. Debilitatem nobis indixere deliciae, et quod diu noluimus posse desimus.

(2) Mihi tamen necessarium erat concutere corpus, ut, sive bilis insederat faucibus, discuteretur, sive ipse ex aliqua causa spiritus densior erat, extenuaret illum iactatio, quam profuisse mihi sensi. Ideo diutius vehi perseveravi invitante ipso litore, quod inter Cumas et Servili Vatiae villam curvatur et hinc mari, illinc lacu velut angustum iter cluditur. Erat autem a recenti tempestate spissum; fluctus enim illud, ut scis, frequens et concitatus exaequat, longior tranquillitas solvit, cum harenis, quae umore alligantur, sucus abscessit.

Buch 6 – Brief 55

Seneca grüßt seinen Lucilius,

(1) Eben erst komme ich von der Ausfahrt zurück, nicht weniger erschöpft, als wenn ich so weit marschiert wäre, wie ich gesessen habe; denn auch lange getragen zu werden, ist eine Anstrengung, und möglicherweise eine umso größere, weil es gegen die Natur ist, die uns Füße gegeben hat, um selbstständig umherzugehen, Augen, um selbstständig zu sehen. Der Luxus legt uns Gebrechlichkeit auf, und was wir lange nicht gewollt haben, können wir nicht mehr.

(2) Gleichwohl war es für mich unumgänglich, den Körper durchzuschütteln, damit, wenn sich entweder gelblicher Schleim im Rachen festgesetzt hatte, dieser beseitigt wurde, oder, wenn das Atmen selbst aus einem anderen Grund häufiger stockte, das Schütteln es verminderte – ich war der Meinung, dass es mir geholfen hat. Ich beharrte deshalb darauf, eine länger Zeit weitergetragen zu werden bis zu dem von sich aus einladenden Strand, der zwischen Cumae und der Villa des Servilius Vatia gekrümmt verläuft und auf der einen Seite vom Meer, auf der anderen Seite von einem See gleichsam wie ein enger Durchgang eingeschlossen wird. Durch das jüngste Unwetter war er aber gut verdichtet; eine häufige und heftige Flut ebnet ihn nämlich völlig ein, wie du weißt; eine längere Meeresstille löst ihn auf, weil der Sandfläche, die durch die Feuchtigkeit gebunden wird, die Flüssigkeit entzogen ist.

—————————— ❦ ——————————

(3) Ex consuetudine tamen mea circumspicere coepi an aliquid illic invenirem quod mihi posset bono esse, et derexi oculos in villam quae aliquando Vatiae fuit. In hac ille praetorius dives, nulla alia re quam otio notus, consenuit, et ob hoc unum felix habebatur. Nam quotiens aliquos amicitiae Asinii Galli, quotiens Seiani odium, deinde amor merserat – aeque enim offendisse illum quam amasse periculosum fuit –, exclamabant homines: 'O Vatia, solus scis vivere'.

(4) At ille latere sciebat, non vivere; multum autem interest utrum vita tua otiosa sit an ignava. Numquam aliter hanc villam Vatia vivo praeteribam quam ut dicerem: 'Vatia hic situs est'. Sed adeo, mi Lucili, philosophia sacrum quiddam est et venerabile ut etiam si quid illi simile est mendacio placeat. Otiosum enim hominem seductum existimat vulgus et securum et se contentum, sibi viventem, quorum nihil ulli contingere nisi sapienti potest. Ille solus scit sibi vivere; ille enim, quod est primum, scit vivere.

(5) Nam qui res et homines fugit, quem cupiditatum suarum infelicitas relegavit, qui alios feliciores videre non potuit, qui velut timidum atque iners animal metu obituit, ille sibi non vivit, sed, quod est turpissimum, ventri, somno, libidini; non continuo sibi vivit qui nemini. Adeo tamen magna res est constantia et in proposito suo perseverantia ut habeat auctoritatem inertia quoque pertinax.

(3) Nach meiner Gewohnheit habe ich trotzdem angefangen, mich umzusehen, ob ich dort etwas finde, was für mich von Vorteil sein könnte, und so richtete ich meine Augen auf eine Villa, die einstmals Vatia gehörte. In dieser ist jener reiche frühere Prätor alt geworden, der aus keinem anderen Grund als durch sein Nichtstun bekannt war, und wegen dieser einen Sache für glücklich gehalten wurde. Denn sooft die Freundschaften mit Asinius Gallus, sooft der Hass eines Sejan [und] danach seine Liebe manchen ins Verderben gestürzt hatte – es war nämlich in gleicher Weise riskant, ihn beleidigt wie ihn geliebt zu haben – riefen die Menschen auf: „Oh, Vatia, du allein weißt zu leben.“

(4) Aber jener wusste, im Stillen zu leben, nicht wohl zu leben; es ist nämlich ein großer Unterschied, ob dein Leben unbeschäftigt oder untätig ist. Zu Lebzeiten Vatias bin ich niemals anders an dieser Villa vorbeigegangen, als dass ich sagte: „Hier liegt Vatia begraben“. Die Philosophie ist jedoch etwas so Heiliges und Ehrwürdiges, mein Lucilius, dass, wenn irgendetwas ihr ähnlich ist, selbst die Nachahmung gefällt. Denn das einfache Volk hält einen zurückgezogen lebenden Menschen für unbeschäftigt, für sowohl frei von Sorgen als auch sich selbst genügend – ein Leben mit sich [selbst] verbringend; nichts davon kann irgendeinem zuteil werden außer dem Weisen. Er allein weiß, für sich zu leben; er weiß nämlich, was an erster Stelle steht: zu leben.

(5) Denn wer den Geschäften und den Menschen entflohen ist, den das Elend seiner ehrgeizigen Bestrebungen verbannt hat, der die anderen vom Glück Begünstigten nicht gleichgültig ansehen konnte, der sich gleichsam wie ein ängstliches und wehrloses Tier aus Angst versteckt hat, der lebt nicht für sich, sondern, was äußerst schändlich ist, für den Bauch, für den Schlaf, für die Wollust; es lebt nicht ohne weiteres für sich, wer für niemanden [lebt]. Gleichwohl gilt Standhaftigkeit und Beharrlichkeit im eigenen Lebensplan als eine so bedeutende Sache, dass auch hartnäckige Faulheit Ansehen besitzt.

(6) De ipsa villa nihil tibi possum certi scribere; frontem enim eius tantum novi et exposita, quae ostendit etiam transeuntibus. Speluncae sunt duae magni operis, cuivis laxo atrio pares, manu factae, quarum altera solem non recipit, altera usque in occidentem tenet. Platanona medius rivus et a mari et ab Acherusio lacu receptus euripi modo dividit, alendis piscibus, etiam si assidue exhauriatur, sufficiens. Sed illi, cum mare patet, parcitur: cum tempestas piscatoribus dedit ferias, manus ad parata porrigitur.

(7) Hoc tamen est commodissimum in villa, quod Baias trans parietem habet: incommodis illarum caret, voluptatibus fruitur. Has laudes eius ipse novi: esse illam totius anni credo; occurrit enim Favonio et illum adeo excipit ut Bais neget. Non stulte videtur elegisse hunc locum Vatia in quem otium suum pigrum iam et senile conferret.

(8) Sed non multum ad tranquillitatem locus confert: animus est qui sibi commendet omnia. Vidi ego in villa hilari et amoena maestos, vidi in media solitudine occupatis similes. Quare non est quod existimes ideo parum bene compositum esse te quod in Campania non es. Quare autem non es? Huc usque cogitationes tuas mitte.

(6) Über die Villa selbst kann ich dir nichts Zuverlässiges schreiben; betrachtet habe ich nämlich nur ihre Front und das offen vor Augen Liegende, das sich selbst den Vorübergehenden zeigt. Zu ihr gehören zwei unter großem Aufwand von Hand geschaffene Grotten, jedem geräumigen Atrium ebenbürtig, von denen die eine keinen Sonnenschein aufnimmt, die andere ihn bis zum Abend bewahrt. Das Platanenwäldchen in der Mitte teilt ein Bach, der nach Art eines Kanals sowohl vom Meer als auch vom Acheronsee aus zusammengeführt wurde; er ist ausreichend zur Zucht von Fischen, selbst wenn man ihn beständig abfischen sollte. Wenn das Meer zugänglich ist, wird er aber geschont: die dazu wohl bewanderte Hand wird ausgestreckt, sooft ein Unwetter den Fischern freie Tage gewährt.

(7) Doch dieses gefällt an der Villa am meisten, dass sie jenseits ihrer Mauer an Baiae grenzt: sie ist frei von dessen Nachteilen, sie erfreut sich an dessen Vergnügungen. Diese ihre Vorzüge habe ich selbst bemerkt: ich denke, dass sie sie das ganze Jahr [über] besitzt; es trifft jedenfalls ein lauer Westwind ein und sie nimmt ihn so sehr in Beschlag, dass er sich Baiae versagt. Nicht dumm scheint Vatia diesen Ort ausgewählt zu haben, um sein müßiges Leben, träge schon und greisenhaft, an diesen zu verlegen.

(8) Aber ein Ort trägt nicht viel zum Seelenfrieden bei: es ist der Geist, der sich [selbst] alles überreicht. In einer hellen und reizvoll gelegenen Villa habe ich betrübte [Menschen] gesehen, inmitten der Abgeschiedenheit habe ich [Menschen] gesehen, denjenigen ähnlich, die durch Geschäfte in Anspruch genommen sind. Es gibt daher keinen Grund zu glauben, dass du vielleicht deshalb weniger gut gestellt bist, weil du nicht in Kampanien bist. Warum aber bist du es nicht? Lass deine Gedanken immerfort hierher schweifen.

(9) Conversari cum amicis absentibus licet, et quidem quotiens velis, quamdiu velis. Magis hac voluptate, quae maxima est, fruimur dum absumus; praesentia enim nos delicatos facit, et quia aliquando una loquimur, ambulamus, consedimus, cum diducti sumus nihil de iis quos modo vidimus cogitamus.

(10) Et ideo aequo animo ferre debemus absentiam, quia nemo non multum etiam praesentibus abest. Pone hic primum noctes separatas, deinde occupationes utrique diversas, deinde studia secreta, suburbanas profectiones: videbis non multum esse quod nobis peregrinatio eripiat.

(11) Amicus animo possidendus est; hic autem numquam abest; quemcumque vult cotidie videt. Itaque mecum stude, mecum cena, mecum ambula: in angusto vivebamus, si quicquam esset cogitationibus clusum. Video te, mi Lucili; cum maxime audio; adeo tecum sum ut dubitem an incipiam non epistulas sed codicellos tibi scribere. Vale.

(9) Es ist möglich, mit abwesenden Freunden zu verkehren, und zwar so oft du willst, so lange du willst. An diesem Vergnügen, das sehr wichtig ist, erfreuen wir uns im höheren Grade, während wir von einander getrennt sind; die Anwesenheit verwöhnt uns nämlich, und weil wir ab und an miteinander sprechen, spazieren gehen, uns zusammensetzen, denken wir, sooft wir getrennt werden, gar nicht an diejenigen, die wir eben erst gesehen haben.

(10) Und auch deshalb müssen wir die Abwesenheit mit geduldigem Herzen ertragen, weil jeder oft auch für die Anwesenden nicht da ist. Führe hier zuerst die getrennten Nächte an, dann die bei beiden ganz verschiedenen Beschäftigungen, dann die getrennten Studien, die Abreisen in die Landgüter nahe der Stadt: du wirst sehen, dass es nicht viel gibt, was uns der Aufenthalt im Ausland entreißt.

(11) Einen Freund muss man mit dem Herzen in Besitz nehmen; dieses aber ist niemals abwesend; wen auch immer es sich wünscht, sucht es täglich auf. Philosophiere also mit mir, speise mit mir, schlendere mit mir umher: auf engem Raum haben wir das Leben verbracht, wenn den Gedanken irgendetwas verschlossen wäre. Ich sehe dich, mein Lucilius; eben jetzt höre ich dich; ich bin so sehr bei dir, dass ich darüber nachdenke, ob ich nicht damit beginnen sollte, dir keine Briefe, sondern kurze Notizen zu schreiben. Lebe wohl.

———

Liber VI – Epistula LVI

Seneca Lucilio suo Salutem,

(1) Peream si est tam necessarium quam videtur silentium in studia seposito. Ecce undique me varius clamor circumsonat: supra ipsum balneum habito. Propone nunc tibi omnia genera vocum quae in odium possunt aures adducere: cum fortiores exercentur et manus plumbo graves iactant, cum aut laborant aut laborantem imitantur, gemitus audio, quotiens retentum spiritum remiserunt, sibilos et acerbissimas respirationes; cum in aliquem inertem et hac plebeia unctione contentum incidi, audio crepitum illisae manus umeris, quae prout plana pervenit aut concava, ita sonum mutat. Si vero pilicrepus supervenit et numerare coepit pilas, actum est.

(2) Adice nunc scordalum et furem deprensum et illum cui vox sua in balineo placet, adice nunc eos qui in piscinam cum ingenti impulsae aquae sono saliunt. Praeter istos quorum, si nihil aliud, rectae voces sunt, alipilum cogita tenuem et stridulam vocem quo sit notabilior subinde exprimentem nec umquam tacentem nisi dum vellit alas et alium pro se clamare cogit; iam biberari varias exclamationes et botularium et crustularium et omnes popinarum institores mercem sua quadam et insignita modulatione vendentis.

Buch 6 – Brief 56

Seneca grüßt seinen Lucilius,

(1) Ich will des Todes sein, wenn für denjenigen, der vom Studium in Beschlag genommen wird, Ruhe so sehr notwendig ist, für wie es gehalten wird. Schau, von allen Seiten umtost mich allerlei Lärm: ich wohne genau oberhalb einer Badeanlage. Stell dir nun alle Art von Tönen vor, die imstande sind, die Ohren in Widerwillen zu versetzen: wenn die Kraftvolleren sich üben und die mit einer Hantel beschwerten Arme hin und her schwingen, wenn sie sich entweder anstrengen oder einen nachahmen, der sich anstrengt, höre ich ein Gestöhne, sooft sie den zurückgehaltenen Atem fahren lassen, ein zischendes und schneidendes Atemholen; wenn ich auf irgendeinen Faulpelz gestoßen bin, der nach diesem gewöhnlichen Einsalben verlangt, höre ich das Klatschen der auf die Schulter geschlagenen Hand, die, je nachdem ob sie flach oder hohl ans Ziel gelangt, auf diese Weise den Ton verändert. Wenn gar erst ein Ballspieler hinzukommt und anfängt die Bälle zu zählen, ist es ganz aus.

(2) Füge nun den Zankteufel hinzu, [und] den ertappten Dieb und denjenigen, dem die eigene Singstimme im Bad gefällt, füge nun die hinzu, die unter dem ungeheuren Getöse des verdrängten Wassers ins Becken springen. Außer solchen, deren Stimmen wenigstens natürlich sind, stell dir den Sklaven vor, der die Körperhaare entfernt, der, damit er umso auffallender ist, immer wieder seine dünne und klirrende Stimme herauspresst und niemals schweigt, außer während er die Achselhaare ausrupft und einen anderen zwingt, für ihn zu schreien; ferner die verschiedenen Ausrufe des Getränkeverkäufers sowie den Wurstverkäufer, den Zuckerbäcker und alle Verkäufer der Imbissstuben, die ihre Ware gewissermaßen in einer eigenen und zugleich auffallenden Melodie anpreisen.

(3) 'O te', inquis, 'ferreum aut surdum, cui mens inter tot clamores tam varios, tam dissonos constat, cum Chrysippum nostrum assidua salutatio perducat ad mortem.' At mehercules ego istum fremitum non magis curo quam fluctum aut deiectum aquae, quamvis audiam cuidam genti hanc unam fuisse causam urbem suam transferendi, quod fragorem Nili cadentis ferre non potuit.

(4) Magis mihi videtur vox avocare quam crepitus; illa enim animum adducit, hic tantum aures implet ac verberat. In his quae me sine avocatione circumstrepunt essedas transcurrentes pono et fabrum inquilinum et serrarium vicinum, aut hunc qui ad Metam Sudantem tubulas experitur et tibias, nec cantat sed exclamat: etiam nunc molestior est mihi sonus qui intermittitur subinde quam qui continuatur.

(5) Sed iam me sic ad omnia ista duravi ut audire vel pausarium possim voce acerbissima remigibus modos dantem. Animum enim cogo sibi intentum esse nec avocari ad externa; omnia licet foris resonent, dum intus nihil tumultus sit, dum inter se non rixentur cupiditas et timor, dum avaritia luxuriaque non dissideant nec altera alteram vexet. Nam quid prodest totius regionis silentium, si affectus fremunt?

(3) „Oh, Mann", entgegnest du, „aus Eisen oder taub ist einer, dessen Geist inmitten von so viel Lärm, so mannigfach, so misstönend, seine feste Haltung bewahrt, während dagegen unseren Chrysipp die unablässige morgendliche Begrüßung zum Tode verführt." Aber wahrhaftig kümmere ich mich um dieses Getöse nicht mehr als um die Meeresbrandung oder einen Wasserfall, obgleich ich von irgendeinem Volk gehört habe, dass der einzige Grund zur Verlegung ihrer Stadt der war, dass es das Getöse des herabstürzenden Nilstroms nicht ertragen konnte.

(4) Eine Stimme scheint mir eher abzulenken als ein Dröhnen; erstere beeinflusst nämlich den Geist, letzteres füllt nur die Ohren und trifft sie schmerzhaft. Zu denen, die mich ohne störende Ablenkung umrauschen, rechne ich die vorbeifahrenden Wagen, [und] den kunsthandwerklichen Mieter und den mit der Säge beschäftigten Nachbarn, oder denjenigen, der an der Brunnenanlage die kleine Tuba und die Flöten erprobt, und die Töne nicht erklingen lässt, sondern aus voller Brust herausstößt: auch so aber ist mir ein Ton unangenehmer, der von Zeit zu Zeit unterbrochen wird als einer, der durchgängig andauert.

(5) Aber ich habe mich schon so gegen all dieses abgehärtet, dass ich selbst einen Rudermeister anhören kann, während er mit grausamer Stimme den Galeerensträflingen den Takt vorgibt. Ich zwinge nämlich meinen Geist, aufmerksam zu sein und infolge äußerer Erscheinungen nicht abgelenkt zu werden; mag draußen alles einen Widerhall geben, solange sich drinnen nichts an Sorge findet, solange sich Liebesverlangen und Schüchternheit nicht miteinander streiten, solange Habgier und Verschwendungssucht nicht in Feindschaft leben und die eine nicht die andere quält. Denn was nutzt die Stille im ganzen Stadtviertel, wenn dumpf die Leidenschaften tosen.

(6) *Omnia noctis erant placida composta quiete.*

Falsum est: nulla placida est quies nisi quam ratio composuit; nox exhibet molestiam, non tollit, et sollicitudines mutat. Nam dormientium quoque insomnia tam turbulenta sunt quam dies: illa tranquillitas vera est in quam bona mens explicatur.

(7) Aspice illum cui somnus laxae domus silentio quaeritur, cuius aures ne quis agitet sonus, omnis servorum turba conticuit et suspensum accedentium propius vestigium ponitur: huc nempe versatur atque illuc, somnum inter aegritudines levem captans; quae non audit audisse se queritur.

(8) Quid in causa putas esse? Animus illi obstrepit. Hic placandus est, huius compescenda seditio est, quem non est quod existimes placidum, si iacet corpus: interdum quies inquieta est; et ideo ad rerum actus excitandi ac tractatione bonarum artium occupandi sumus, quotiens nos male habet inertia sui impatiens.

(6) *Alles war versöhnt in der sanften Ruhe der Nacht.*

Das ist falsch: es gibt keine sanfte Ruhe, wenn nicht der Verstand sie eingerichtet hat; die Nacht bereitet Missbehagen, sie tröstet nicht, sondern gibt den Kümmernissen neue Gestalt. Denn auch die Träume der Schlafenden sind so voll Wirren wie die Tage: wahrhaft ist jener Seelenfrieden, zu dem sich ein vortrefflicher Geist entwickelt.

(7) Schau dir jenen an, der in der Stille seines geräumigen Hauses Schlaf sucht – um seine Ohren nicht durch irgendeinen Ton zu reizen, ist die ganze Sklavenschar verstummt und ängstlich wird der Fuß aufgesetzt, wenn man näher an ihn herantritt: er jedoch wälzt sich hierhin und dorthin, inmitten der Sorgen wiederholt nach einem leichten Schlafe greifend; er beklagt sich, gehört zu haben, was er nicht hört.

(8) Was glaubst du, ist der Grund? Sein Geist behelligt ihn. Man muss diesen beruhigen, man muss dessen Aufruhr bändigen, es gibt keinen Grund zu glauben, dass er ruhig ist, wenn der Körper ruht: dann und wann ist die Ruhe unruhig; und deshalb müssen wir zur Tätigkeit angeregt und durch die Beschäftigung mit der rechten Wissenschaft in Beschlag genommen werden, sooft eine Trägheit, unfähig sich selbst zu ertragen, uns belästigt.

(9) Magni imperatores, cum male parere militem vident, aliquo labore compescunt et expeditionibus detinent: numquam vacat lascivire districtis, nihilque tam certum est quam otii vitia negotio discuti. Saepe videmur taedio rerum civilium et infelicis atque ingratae stationis paenitentia secessisse; tamen in illa latebra in quam nos timor ac lassitudo coniecit interdum recrudescit ambitio. Non enim excisa desit, sed fatigata aut etiam obirata rebus parum sibi cedentibus.

(10) Idem de luxuria dico, quae videtur aliquando cessisse, deinde frugalitatem professos sollicitat atque in media parsimonia voluptates non damnatas sed relictas petit, et quidem eo vehementius quo occultius. Omnia enim vitia in aperto leniora sunt; morbi quoque tunc ad sanitatem inclinant cum ex abdito erumpunt ac vim sui proferunt. Et avaritiam itaque et ambitionem et cetera mala mentis humanae tunc perniciosissima scias esse cum simulata sanitate subsidunt.

(11) Otiosi videmur, et non sumus. Nam si bona fide sumus, si receptui cecinimus, si speciosa contempsimus, ut paulo ante dicebam, nulla res nos avocabit, nullus hominum aviumque concentus interrumpet cogitationes bonas, solidasque iam et certas.

(9) Wenn große Feldherren bemerken, dass ein Soldat schlecht gehorcht, halten sie ihn mit irgendeiner Arbeit im Zaum und beschäftigen ihn mit Unternehmungen: einer, der vielseitig beschäftigt wird, hat keine Zeit, sich gehen zu lassen, und nichts ist so sicher, als dass die Verfehlungen des Müßiggangs durch Arbeit verscheucht werden. Oft erscheint es uns, dass wir uns aus Abscheu vor den Staatsgeschäften und aus Reue über unsere unselige und undankbare Stellung zurückgezogen hätten; gleichwohl bricht in jenem Schlupfwinkel, in den uns Furcht und Erschöpfung getrieben haben, bisweilen der Ehrgeiz wieder aus. Denn der hat nicht etwa an sich fehlen lassen, weil er mit der Wurzel getilgt, sondern weil er müde gemacht oder wegen der Dinge erzürnt wurde, die sich ihm nicht recht fügten.

(10) Dasselbe sage ich über die Vergnügungssucht, die manchmal verschwunden zu sein scheint, dann diejenigen aufwiegelt, die sich zur Genügsamkeit bekannt hatten, und die inmitten der Enthaltsamkeit die Vergnügungen beansprucht, die nicht aufgegeben, sondern zurückgestellt worden sind – und zwar je verborgener umso entschiedener. Milder nämlich sind die Verfehlungen im Offenen; auch Krankheiten neigen dann zur Genesung, wenn sie aus der Verborgenheit hervorbrechen und ihre Kraft zum Vorschein bringen. Und man weiß daher, dass die Habsucht, [und] das Streben nach äußerer Ehre und die übrigen Mängel des menschlichen Charakters dann am verderblichsten sind, wenn sie sich unter einer vorgetäuschten Vernunft festsetzen.

(11) Wir scheinen untätig – und wir sind es nicht. Denn wenn wir von rechtschaffener Gesinnung sind, wenn wir unseren Rücktritt verkündet, wenn wir die täuschende Pracht zurückgewiesen haben, wird uns, wie ich es kurz vorher erwähnte, nichts ablenken, wird der harmonische Gesang der Menschen und der Vögel die trefflichen und bereits unerschütterlichen und feststehenden Gedanken nicht stören.

(12) Leve illud ingenium est nec sese adhuc reduxit introsus quod ad vocem et accidentia erigitur; habet intus aliquid sollicitudinis et habet aliquid concepti pavoris quod illum curiosum facit, ut ait Vergilius noster:

Et me, quem dudum non ulla iniecta movebant
tela neque adverso glomerati e agmine Grai,
nunc omnes terrent aurae, sonus excitat omnis
suspensum et pariter comitique onerique timentem.

(13) Prior ille sapiens est, quem non tela vibrantia, non arietata inter <se> arma agminis densi, non urbis impulsae fragor territat: hic alter imperitus est, rebus suis timet ad omnem crepitum expavescens, quem una quaelibet vox pro fremitu accepta deiecit, quem motus levissimi exanimant; timidum illum sarcinae faciunt.

(14) Quemcumque ex istis felicibus elegeris, multa trahentibus, multa portantibus, videbis illum 'comitique onerique timentem'. Tunc ergo te scito esse compositum cum ad te nullus clamor pertinebit, cum te nulla vox tibi excutiet, non si blandietur, non si minabitur, non si inani sono vana circumstrepet.

(15) 'Quid ergo? Non aliquando commodius est et carere convicio?' Fateor; itaque ego ex hoc loco migrabo. Experiri et exercere me volui: quid necesse est diutius torqueri, cum tam facile remedium Ulixes sociis etiam adversus Sirenas invenerit. Vale.

———

(12) Ein Geist, der auf ein Wort oder auf äußere Dinge hin sich aufrafft, ist haltlos und hat sich noch immer nicht nach innen zurückgezogen; er trägt einiges an Unruhe im Inneren und er besitzt einiges an sich eingebildeter Furcht, was ihn besorgt macht, wie unser Vergil sagt:

Und mich, den auf ihn angelegte Pfeile längst nicht mehr beunruhigten,
auch nicht die im feindlichen Trupp zusammengedrängten Griechen,
scheucht nun jeder Lufthauch, schreckt jedes Geräusch auf,
weil ich in Ungewissheit gesetzt worden bin und in gleicher Weise um den
Begleiter fürchte als auch die schwere Aufgabe.

(13) Der erste ist jener Weise, den nicht die schwirrenden Geschosse, nicht das aneinanderschlagende Kriegsgerät des dicht gedrängten Trupps, nicht das Krachen einer zur Fall gebrachten Stadt in Schrecken versetzt: dieser andere ist unerfahren, er fürchtet um seinen Besitz, bekommt deswegen Angst bei jedem Klappern; jeder Laut, als Waffenlärm gedeutet, hat diesen zu Boden geworfen, geringste Aufregungen berauben diesen des Atems; seine Bürden lassen ihn verzagen.

(14) Wen auch immer du aus solchen vom Glück Begünstigten auswählst, die vieles an sich ziehen, die vieles mit sich führen: du wirst jenen sehen, „der sich sowohl um den Begleiter fürchtet als auch die schwere Aufgabe." Mach dir also klar, dass du dann [erst] gelassen bist, wenn kein Lärm Einfluss auf dich hat, wenn keine Stimme dich aus dir selbst heraustreibt – nicht wenn sie schmeichelt, nicht wenn sie droht, nicht wenn sie im prahlerischen Ton lärmend Nichtigkeiten vernehmen lässt.

(15) „Was nun also? Ist es nicht zuweilen sogar leichter, sich dem Geschrei fernzuhalten?" Ich gebe es zu; daher werde ich diesen Ort verlassen. Ich wollte mich prüfen und trainieren: was muss ich mich länger quälen, obschon Odysseus ein so bequemes Gegenmittel für seine Gefährten, ja selbst gegen die Sirenen gefunden hat. Lebe wohl.

Seneca Lucilio suo Salutem,

(1) Cum a Bais deberem Neapolim repetere, facile credidi tempestatem esse, ne iterum navem experirer; et tantum luti tota via fuit ut possim videri nihilominus navigasse. Totum athletarum fatum mihi illo die perpetiendum fuit: a ceromate nos haphe excepit in crypta Neapolitana.

(2) Nihil illo carcere longius, nihil illis facibus obscurius, quae nobis praestant non ut per tenebras videamus, sed ut ipsas. Ceterum etiam si locus haberet lucem, pulvis auferret, in aperto quoque res gravis et molesta: quid illic, ubi in se volutatur et, cum sine ullo spiramento sit inclusus, in ipsos a quibus excitatus est recidit? Duo incommoda inter se contraria simul pertulimus: eadem via, eodem die et luto et pulvere laboravimus.

(3) Aliquid tamen mihi illa obscuritas quod cogitarem dedit: sensi quendam ictum animi et sine metu mutationem quam insolitae rei novitas simul ac foeditas fecerat. Non de me nunc tecum loquor, qui multum ab homine tolerabili, nedum a perfecto absum, sed de illo in quem fortuna ius perdidit: huius quoque ferietur animus, mutabitur color.

Buch 6 – Brief 57

Seneca grüßt seinen Lucilius,

(1) Als ich von Baiae nach Neapel zurückkehren musste, habe ich bereitwillig geglaubt, dass es ein Unwetter gibt, um nicht abermals mein Glück mit dem Schiff versuchen zu müssen; und dabei war soviel feuchter Dreck auf der ganzen Straße, dass ich mir einzubilden vermochte, ich sei nichtsdestoweniger auf einer Schiffsreise gewesen. Das ganze Lebenslos der Ringkämpfer musste ich an jenem Tag standhaft aushalten: nach der Wachssalbe hat uns der feine Staub im Tunnel von Neapel empfangen.

(2) Nichts ist lang dauernder als jener Kerker, nichts lichtloser als jene Fackeln, die uns nicht gewähren, durch die Dunkelheit hindurch zu sehen, sondern [nur] sie selbst. Aber auch wenn der Ort Licht besäße, der Staub würde es rauben – eine schon im Freien lästige und beschwerliche Sache: was erst dort, wo er in sich herumwirbelt, und, da er ohne irgendeinen Luftzug eingeschlossen ist, auf diejenigen selbst zurückfällt, von denen er aufgewirbelt wurde? Zwei einander gegensätzliche Widrigkeiten haben wir zugleich ertragen: auf demselben Weg, an demselben Tag litten wir sowohl unter feuchtem Dreck als auch unter Staub.

(3) Etwas hat mir jene Dunkelheit dennoch beschert, worüber ich nachdenken konnte: ich habe sozusagen einen Angriff auf das Gemüt wahrgenommen und – ohne Besorgnis – eine Veränderung, die das Neue der ungewohnten Lage und dazu der abscheuliche Schmutz hervorgerufen hatten. Ich spreche zu dir jetzt nicht über mich, der ich weit entfernt von einem erträglichen, geschweige denn von einem vollkommenen Menschen bin, sondern über einen, auf den das Schicksal sein Anrecht verloren hat: auch dessen Gemüt wird getroffen, [auch dessen] Gesichtsfarbe wird sich ändern.

(4) Quaedam enim, mi Lucili, nulla effugere virtus potest; admonet illam natura mortalitatis suae. Itaque et vultum adducet ad tristia et inhorrescet ad subita et caligabit, si vastam altitudinem in crepidine eius constitutus despexerit: non est hoc timor, sed naturalis affectio inexpugnabilis rationi.

(5) Itaque fortes quidam et paratissimi fundere suum sanguinem alienum videre non possunt; quidam ad vulneris novi, quidam ad veteris et purulenti tractationem inspectionemque succidunt ac linquuntur animo; alii gladium facilius recipiunt quam vident.

(6) Sensi ergo, ut dicebam, quandam non quidem perturbationem, sed mutationem: rursus ad primum conspectum redditae lucis alacritas rediit incogitata et iniussa. Illud deinde mecum loqui coepi, quam inepte quaedam magis aut minus timeremus, cum omnium idem finis esset. Quid enim interest utrum supra aliquem vigilarium ruat an mons? Nihil invenies. Erunt tamen qui hanc ruinam magis timeant, quamvis utraque mortifera aeque sit; adeo non effectu, sed efficientia timor spectat.

(7) Nunc me putas de Stoicis dicere, qui existimant animam hominis magno pondere extriti permanere non posse et statim spargi, quia non fuerit illi exitus liber? Ego vero non facio: qui hoc dicunt videntur mihi errare.

(4) Manches nämlich, mein Lucilius, kann der Tugendhafteste nicht vermeiden; die Natur seiner Menschlichkeit erinnert ihn daran. Und so wird er bei Abstoßendem seine Miene verziehen, bei Unerwartetem erschaudern und vom Schwindel erfasst, wenn er in eine unermessliche Tiefe herabblickt, an dessen Rand er haltmacht. Das ist keine Furcht, sondern eine für die Vernunft unüberwindliche natürliche Eigenschaft.

(5) Daher können manche, tapfer und entschlossen das eigene Blut zu vergießen, fremdes nicht sehen; manche sacken bei der Behandlung und Untersuchung einer frischen Wunde, manche bei der einer alten und eitrigen zusammen und verlieren das Bewusstsein; andere empfangen den Todesstoß leichter, als sie ihn mit ansehen.

(6) Ich habe also, wie ich schon sagte, nicht gerade eine Art von Unruhe verspürt, sondern eine [Art von] Veränderung: andererseits kehrte beim ersten Anblick des wieder zum Vorschein gekommenen Tageslichts unbedacht und von selbst meine Lebhaftigkeit zurück. Darauf habe ich begonnen, mir [selbst] gegenüber immer wieder Folgendes zu sagen: wie töricht wir manches mehr, beziehungsweise manches weniger fürchten, obwohl das Ende von allem dasselbe ist. Was macht es nämlich für einen Unterschied, ob ein Wächterhaus oder ein Berg über jemandem zusammenstürzt? Du wirst keinen finden. Trotzdem wird es diejenigen geben, die den letzteren Einsturz mehr fürchten, obgleich jeder von beiden in gleicher Weise todbringend ist, so sehr sieht die Furcht nicht auf die Wirkung, sondern auf die Wirkursachen.

(7) Meinst du nun, ich spreche über die Stoiker, die glauben, dass die Seele eines Menschen, der von einem großen Gewicht zermalmt wurde, nicht fortdauern kann und sich sofort zerstreut, weil sie keinen freien Ausgang habe? Das tue ich aber nicht: die das behaupten, scheinen mir in die Irre zu gehen.

(8) Quemadmodum flamma non potest opprimi – nam circa id diffugit quo urgetur –, quemadmodum aer verbere atque ictu non laeditur, ne scinditur quidem, sed circa id cui cessit refunditur, sic animus, qui ex tenuissimo constat, deprehendi non potest nec intra corpus effligi, sed beneficio subtilitatis suae per ipsa quibus premitur erumpit. Quomodo fulmini, etiam cum latissime percussit ac fulsit, per exiguum foramen est reditus, sic animo, qui adhuc tenuior est igne, per omne corpus fuga est.

(9) Itaque de illo quaerendum est, an possit immortalis esse. Hoc quidem certum habe: si superstes est corpori, opteri illum nullo genere posse, [propter quod non perit] quoniam nulla immortalitas cum exceptione est, nec quicquam noxium aeterno est. Vale.

———

(8) So wie eine Flamme nicht niedergehalten werden kann – denn sie verteilt sich um das herum, wovon sie bedrängt wird –, so wie die Luft nicht durch Schlag und Hieb beschädigt, nicht einmal zerteilt wird, sondern sich rings um dasjenige ergießt, dem sie ausgewichen ist, so kann die Seele, die aus dem Feinsten besteht, nicht in die Enge getrieben und innerhalb eines Körpers nicht zugrunde gerichtet werden, sondern sie findet dank ihrer Feinheit selbst durch diejenigen Dinge hindurch einen Ausgang, von denen sie bedrängt wird. So wie der Blitz, selbst wenn er in äußerster Breite beeindruckt und geglänzt hat, eine kleine Öffnung für die Rückkehr besitzt, so besitzt die Seele, die noch feiner ist als Feuer, durch jeden Körper hindurch die Möglichkeit zur Flucht.

(9) Daher muss bezüglich jener untersucht werden, ob sie unsterblich sein kann. Dieses halte ich jedenfalls für gewiss: dass, sooft sie einen Körper überlebt, auf keine Art vernichtet werden kann [weil sie nicht zugrunde geht], da es ja keine Unsterblichkeit mit Ausnahme gibt, und nichts dem Ewigen schädlich ist. Lebe wohl.

————

Liber VI – Epistula LVIII

Seneca Lucilio suo Salutem,

(1) Quanta verborum nobis paupertas, immo egestas sit, numquam magis quam hodierno die intellexi. Mille res inciderunt, cum forte de Platone loqueremur, quae nomina desiderarent nec haberent, quaedam vero <quae> cum habuissent fastidio nostro perdidissent. Quis autem ferat in egestate fastidium?

(2) Hunc quem Graeci 'oestron' vocant, pecora peragentem et totis saltibus dissipantem, 'asilum' nostri vocabant. Hoc Vergilio licet credas:

Est lucum Silari iuxta ilicibusque virentem
plurimus Albumum volitans, cui nomen asilo
Romanum est, oestrum Grai vertere vocantes,
asper, acerba sonans, quo tota exterrita silvis
diffugiunt armenta.

Puto intellegi istud verbum interisse.

Seneca grüßt seinen Lucilius,

(1) Eine welch große Armut im Ausdruck wir besitzen, ja sogar welch einen Mangel, habe ich niemals mehr als am heutigen Tag empfunden. Tausende Sachverhalte sind uns begegnet, während wir gerade über Platon sprachen, die nach Namen verlangten, aber nicht erhielten, etliche waren sogar, obgleich sie einen besessen hatten, aufgrund unseres Hochmuts verloren gegangen. Wer jedoch mag Hochmut unter Mangel ertragen?

(2) Das, was die Griechen als „oestros" bezeichnen, was die Viehherde ohne Unterlass umhertreibt und in sämtliche Waldtäler zerstreut, nannten die Unsrigen „alius". Hierzu darf man Vergil Glauben schenken:

Nahe dem Hain des Silarus und dem mit Steineichen grün schimmernden
des Albernus gibt es sehr viel, was umherflattert,
welches den römischen Namen „asilus" besitzt,
die Griechen haben es übersetzt und nannten es daraufhin „oitros",
stechend, Schmerzliches bedeutend,
weshalb die aufgeschreckten Herden in die Wälder sich zerstreuen.

Ich denke, man gelangt zu der Einsicht, dass dieses Wort verloren gegangen ist.

(3) Ne te longe differam, quaedam simplicia in usu erant, sicut 'cernere ferro inter se' dicebant. Idem Vergilius hoc probabit tibi: ... *ingentis, genitos diversis partibus orbis, inter se coiisse viros et cernere ferro.* Quod nunc 'decernere' dicimus: simplicis illius verbi usus amissus est.

(4) Dicebant antiqui 'si iusso', id est 'iussero'. Hoc nolo mihi credas, sed eidem Vergilio: *cetera, qua iusso, mecum manus inferat arma.*

(5) Non id ago nunc hac diligentia ut ostendam quantum tempus apud grammaticum perdiderim, sed ut ex hoc intellegas quantum apud Ennium et Accium verborum situs occupaverit, cum apud hunc quoque, qui cotidie excutitur, aliqua nobis subducta sint.

(6) 'Quid sibi', inquis, 'ista praeparatio vult? Quo spectat?' Non celabo te: cupio, si fieri potest, propitiis auribus tuis 'essentiam' dicere; si minus, dicam et iratis. Ciceronem auctorem huius verbi habeo, puto locupletem; si recentiorem quaeris, Fabianum, disertum et elegantem, orationis etiam ad nostrum fastidium nitidae. Quid enim fiet, mi Lucili? Quomodo dicetur 'ousia', res necessaria, natura continens fundamentum omnium? Rogo itaque permittas mihi hoc verbo uti. Nihilominus dabo operam ut ius a te datum parcissime exerceam; fortasse contentus ero mihi licere.

(3) Ich werde dich nicht lang hinhalten: es waren etliche einfache [Wörter] in Gebrauch – wie sie zum Beispiel sagten: „cernere ferro inter se.“ Derselbe Vergil beweist dir das: *... ingentis, genitos diversis partibus orbis, inter se coiisse viros et cernere ferro.* Dazu sagen wir nun „decernere“: der Gebrauch des erwähnten einfachen Verbs ist verloren gegangen.

(4) Die Alten sagten „si iusso“, dass heißt „iussero“. Du sollst das nicht mir glauben, sondern demselben Vergil: *... cetera, qua iusso, mecum manus inferat arma.*

(5) Ich führe dies nun aber nicht mit einer solchen Gründlichkeit auf, um zu zeigen, wie viel Zeit ich beim Grammatiklehrer verschwendet habe, sondern damit du eine Vorstellung davon bekommst, wie viele der Wörter zur Zeit des Ennius und Accius die Vergessenheit ereilt hat, wenn selbst zur Zeit des eben erwähnten [Virgil], den man täglich durchgeht, uns einige unbemerkt entzogen wurden.

(6) „Was bedeutet diese Vorbereitung?“, fragst du. „Worauf zielt sie ab?“ Ich werde dich nicht in Unkenntnis halten: wenn es möglich ist, will ich deinen geneigten Ohren gerne [den Begriff] „essentia“ vortragen; wenn nicht, werde ich es auch den erzürnten [Ohren] vortragen. Ich halte Cicero für den, ich denke glaubwürdigen, Urheber dieses Wortes; [oder] wenn du nach einem jüngeren suchst, den Fabianus, wortreich und feinsinnig, auch für unseren verwöhnten Geschmack glänzend im Ausdruck. Was nämlich wird geschehen, mein Lucilius? Auf welche Weise wird man οὐσία sagen, etwas Notwendiges, der Urstoff, der die Grundlage von allem in sich einschließt? Ich bitte dich daher, mir zu erlauben, von diesem Wort Gebrauch zu machen. Nichtsdestotrotz werde ich Mühe darauf verwenden, um das von dir eingeräumte Recht äußerst sparsam auszuüben; ich werde mich wohl damit begnügen, dass es mir frei steht.

(7) Quid proderit facilitas tua, cum ecce id nullo modo Latine exprimere possim propter quod linguae nostrae convicium feci? Magis damnabis angustias Romanas, si scieris unam syllabam esse quam mutare non possum. Quae sit haec quaeris? τὸ ὄν. Duri tibi videor ingenii: in medio positum, posse sic transferri ut dicam 'quod est'. Sed multum interesse video: cogor verbum pro vocabulo ponere; sed si ita necesse est, ponam 'quod est'.

(8) Sex modis hoc a Platone dici amicus noster, homo eruditissimus, hodierno die dicebat. Omnes tibi exponam, si ante indicavero esse aliquid genus, esse et speciem. Nunc autem primum illud genus quaerimus ex quo ceterae species suspensae sunt, a quo nascitur omnis divisio, quo universa comprensa sunt. Invenietur autem si coeperimus singula retro legere; sic enim perducemur ad primum.

(9) Homo species est, ut Aristoteles ait; equus species est; canis species est. Ergo commune aliquod quaerendum est his omnibus vinculum, quod illa complectatur et sub se habeat. Hoc quid est? animal. Ergo genus esse coepit horum omnium quae modo rettuli – hominis, equi, canis – animal.

(7) Was wird deine Gefälligkeit nutzen, wenn ich das – siehe da – auf keine Art und Weise lateinisch ausdrücken kann, dessentwegen ich unserer Sprache den Vorwurf gemacht habe? Im höheren Grade wirst du die Beschränktheit des Römischen verurteilen, wenn du begreifst, dass es eine einzige Silbe ist, die ich nicht umwandeln kann. Welche das ist, fragst du? *τò ŏν*. Von ungebildetem Verstand erscheine ich dir: es liegt offen zutage, dass es so übertragen werden kann, dass ich es „quod est" nenne. Aber ich bemerke einen großen Unterschied: ich werde gezwungen, ein Verb für ein Substantiv einzusetzen: aber wenn es dann unausweichlich ist, werde ich „quod est" einsetzen.

(8) Unser Freund, ein äußerst gelehrter Mann, erwähnte am heutigen Tag, dass dieses [quod est] auf sechs Art und Weisen von Platon genannt wird. Ich werde dir alle darlegen, wenn ich nur zunächst feststelle, dass etwas eine Gattung [ist] und auch eine Art ist. Suchen wir doch zuerst diese wichtigste Gattung, von der die übrigen Arten abhängig sind, von der die Einteilung aller Dinge ihren Anfang nimmt, in der alle zusammengefasst sind. Wir werden sie nun aber finden, wenn wir anfangen, einzelne Dinge umgekehrt auszuwählen; so nämlich werden wir zum höher Stehenden geleitet.

(9) Wie Aristoteles sagt, ist der Mensch eine Art; das Pferd ist eine Art, der Hund ist eine Art. Also muss irgendein ihnen allen gemeinsames Band gesucht werden, welches jene umschließt und unter sich hat. Welches das ist? Am Anfang steht als Gattung all dieser, die ich gerade eben vorgetragen habe – des Menschen, des Pferdes, des Hundes – demnach das Lebewesen.

(10) Sed [sunt] quaedam [quae] animum habent nec sunt animalia; placet enim satis et arbustis animam inesse; itaque et vivere illa et mori dicimus. Ergo animantia superiorem tenebunt locum, quia et animalia in hac forma sunt et sata. Sed quaedam anima carent, ut saxa; itaque erit aliquid animantibus antiquius, corpus scilicet. Hoc sic dividam ut dicam corpora omnia aut animantia esse aut inanima.

(11) Etiam nunc est aliquid superius quam corpus; dicimus enim quaedam corporalia esse, quaedam incorporalia. Quid ergo erit ex quo haec deducantur? Illud cui nomen modo parum proprium imposuimus, 'quod est'. Sic enim in species secabitur ut dicamus: 'quod est' aut corporale est aut incorporale.

(12) Hoc ergo est genus primum et antiquissimum et, ut ita dicam, generale; cetera genera quidem sunt, sed specialia. Tamquam homo genus est; habet enim in se nationum species, Graecos, Romanos, Parthos; colorum, albos, nigros, flavos; habet singulos, Catonem, Ciceronem, Lucretium. Ita qua multa continet, in genus cadit; qua sub alio est, in speciem. Illud genus 'quod est' generale supra se nihil habet; initium rerum est; omnia sub illo sunt.

(13) Stoici volunt superponere huic etiam nunc aliud genus magis principale; de quo statim dicam, si prius illud genus de quo locutus sum merito primum poni docuero, cum sit rerum omnium capax.

(10) Aber es gibt einige Dinge, die haben Leben in sich, sind jedoch keine Lebewesen; die Meinung geht nämlich dahin, dass den Pflanzen und Gehölzen Leben innewohnt; daher sagen wir auch, jene leben und sterben. Folglich nimmt Lebendiges einen weiter oben gelegenen Rang ein, da sowohl Tiere als auch Pflanzen in dieser Form existieren. Aber manches ist frei von Leben, wie zum Beispiel Steine. Daher wird es etwas höher Stehendes als das Lebendige geben, nämlich ein Körper. Ich werde dieses so unterteilen, dass ich sage, alle Körper sind entweder lebendig oder leblos.

(11) Nun gibt es immer noch etwas höher Gestelltes als den Körper; wir sagen nämlich, dass manches körperlich ist, manches körperlos. Was wird es also sein, aus welchem ein solches abgeleitet werden kann? Dasjenige, dem wir eben erst den wenig charakteristischen Namen „quod est" gegeben haben. Es wird nämlich auf diese Weise in Arten abgeteilt, dass wir sagen: „quod est" ist entweder körperlich oder unkörperlich.

(12) Das also ist die erste, [und] die höchste und, um es auf diese Weise zu sagen, die allgemeine Gattung; die anderen sind zwar Gattungen, aber spezielle. So wie der Mensch eine Gattung ist; in sich umfasst er nämlich die Arten der Völker: Griechen, Römer, Parther; der Hautfarben: weiße, schwarze, gelbe; [und] er enthält Einzelpersonen: Cato, Cicero, Lukrez. Nur insoweit, wie er vieles einschließt, fällt er unter [den Begriff] „Gattung"; wo er sich unterhalb einer anderen befindet, unter [den Begriff] „Art". Jene allgemeine Gattung „quod est" hat nichts über sich; sie ist der Anfang der Dinge; alles befindet sich unterhalb von ihr.

(13) Die Stoiker wollen dieser nun sogar eine andere, eher ursprüngliche Gattung überordnen; ich werde sogleich über sie sprechen, sofern ich nur vorher gezeigt habe, dass jene Gattung, über die ich gesprochen habe, aus gutem Grund an den Anfang gestellt wird, da sie für alle Dinge aufnahmefähig ist.

(14) 'Quod est' in has species divido, ut sint corporalia aut incorporalia; nihil tertium est. Corpus quomodo divido? Ut dicam: aut animantia sunt aut inanima. Rursus animantia quemadmodum divido? Ut dicam: quaedam animum habent, quaedam tantum animam, at sic: quaedam impetum habent, incedunt, transeunt, quaedam solo affixa radicibus aluntur, crescunt. Rursus animalia in quas species seco? Aut mortalia sunt aut immortalia.

(15) Primum genus Stoicis quibusdam videtur 'quid'; quare videatur subiciam. 'In rerum', inquiunt, 'natura quaedam sunt, quaedam non sunt, et haec autem quae non sunt rerum natura complectitur, quae animo succurrunt, tamquam Centauri, Gigantes et quidquid aliud falsa cogitatione formatum habere aliquam imaginem coepit, quamvis non habeat substantiam.'

(16) Nunc ad id quod tibi promisi revertor, quomodo quaecumque sunt in sex modos Plato partiatur. Primum illud 'quod est' nec visu nec tactu nec ullo sensu comprenditur: cogitabile est. Quod generaliter est, tamquam homo generalis, sub oculos non venit; sed specialis venit, ut Cicero et Cato. Animal non videtur: cogitatur. Videtur autem species eius, equus et canis.

(14) Ich unterteile „quod est" derart in Arten auf, dass es körperliche und körperlose gibt; ein Drittes existiert nicht. Auf welche Weise ich den „Körper" unterteile? Dadurch, dass ich sage: es gibt entweder Lebendiges oder Lebloses. Wie ich Lebendiges von neuem unterteile? Dadurch, dass ich sage: manches besitzt Leben, anderes nur Lebenskraft, wohl aber auf diese Weise: manches bringt eine vorwärts drängende Bewegung mit sich, schreitet einher, zieht vorbei, anderes nährt, entwickelt sich an Wurzeln gefesselt. In welche Arten trenne ich wiederum Lebewesen auf? Entweder sind sie sterblich oder unsterblich.

(15) Als erste Gattung wird von einigen Stoikern das „quid" angesehen; weshalb das wohl richtig erscheint, werde ich hinzufügen. „Manches existiert in der Schöpfung", sagen sie, „manches existiert nicht, aber die Schöpfung umfasst auch das, was nicht existiert, was [nur] dem Bewusstsein in den Sinn kommt, wie Zentauren, Giganten und alles andere, was, durch irrige Vorstellung hervorgebracht, anfängt irgendeine Erscheinung zu zeigen, so wenig sie auch existiert.

(16) Nun komme ich auf das zurück, was ich dir versprochen habe, auf welche Weise Platon alles, was existiert, in sechs Arten unterteilt. Jenes vorderste „quod est" wird weder durch das Sehvermögen noch durch eine Berührung noch durch irgendeine Sinneswahrnehmung erfasst: es ist [nur] denkbar. Was im Allgemeinen liegt, wie der „allgemeine" Mensch, steht nicht unmittelbar vor Augen; aber der „besondere" [Mensch] kommt zum Vorschein, wie Cicero und Cato. „Das Tier" wird nicht gesehen: es wird gedacht. Dessen Arten jedoch nimmt man wahr: Pferd und Hund.

(17) Secundum ex his quae sunt ponit Plato quod eminet et exsuperat omnia; hoc ait per excellentiam esse. Poeta communiter dicitur – omnibus enim versus facientibus hoc nomen est – sed iam apud Graecos in unius notam cessit: Homerum intellegas, cum audieris poetam. Quid ergo hoc est? Deus scilicet, maior ac potentior cunctis.

(18) Tertium genus est eorum quae proprie sunt; innumerabilia haec sunt, sed extra nostrum posita conspectum. Quae sint interrogas? Propria Platonis supellex est: 'ideas' vocat, ex quibus omnia quaecumque videmus fiunt et ad quas cuncta formantur. Hae immortales, immutabiles, inviolabiles sunt.

(19) Quid sit idea, id est quid Platoni esse videatur, audi: 'Idea est eorum quae natura fiunt exemplar aeternum'. Adiciam definitioni interpretationem, quo tibi res apertior fiat. Volo imaginem tuam facere. Exemplar picturae te habeo, ex quo capit aliquem habitum mens nostra quem operi suo imponat; ita illa quae me docet et instruit facies, a qua petitur imitatio, idea est. Talia ergo exemplaria infinita habet rerum natura, hominum, piscium, arborum, ad quae quodcumque fieri ab illa debet exprimitur.

(17) Als nächstes bestimmt Platon von den Dingen, die existieren, dasjenige, was herausragt und alles übertrifft; er sagt, dass dies auf der Erhabenheit beruht. Im Allgemeinen wird von „dem Dichter" gesprochen – alle nämlich, die Verse verfassen, haben diesen Namen –, aber schon bei den Griechen wandelte es sich in das Erkennungszeichen eines Einzelnen: wenn man „der Dichter" hört, wird wahrscheinlich an Homer gedacht. Was also ist ein solches? Selbstverständlich ein Gott, größer und mächtiger als alle.

(18) Die dritte Gattung ist charakteristisch für diejenigen, die als ausschließliches Eigentum existieren; diese sind unzählig, aber außerhalb unseres Blickfelds gelegen. Du fragst, welche das sind? Es ist das eigentümliche Rüstzeug Platons: er nennt sie „Ideen", aus denen alles, was wir wahrnehmen, entsteht und nach denen alles geformt wird. Diese sind unsterblich, unveränderlich, unverletzlich.

(19) Höre, was eine Idee ist, das heißt, was sie Platon zu sein scheint: „Eine Idee ist die Eigenschaft der Dinge, die durch die natürliche Ordnung als unvergängliches Muster geschaffen wird." Ich will der Definition eine Erklärung hinzufügen, damit dir die Sache klarer wird. Ich beschließe, ein Bild von dir zu schaffen. Ich trage dich als Muster des Bildes in mir; unser Verstand wählt daraus eine Eigenschaft, die er seinem Werk aufdrückt; so ist jener Anblick, der mich unterrichtet und anweist, aus der die Kopie entlehnt wird, die Idee. Solche Muster also enthält die Schöpfung in unendlicher Menge – an Menschen, an Fischen, an Bäumen, nach denen alles nachbildet wird, was aus ihr geschaffen werden soll.

(20) Quartum locum habebit idos. Quid sit hoc idos attendas oportet, et Platoni imputes, non mihi, hanc rerum difficultatem; nulla est autem sine difficultate subtilitas. Paulo ante pictoris imagine utebar. Ille cum reddere Vergilium coloribus vellet, ipsum intuebatur. Idea erat Vergilii facies, futuri operis exemplar; ex hac quod artifex trahit et operi suo imposuit idos est.

(21) Quid intersit quaeris? Alterum exemplar est, alterum forma ab exemplari sumpta et operi imposita; alteram artifex imitatur, alteram facit. Habet aliquam faciem statua: haec est idos. Habet aliquam faciem exemplar ipsum quod intuens opifex statuam figuravit: haec idea est. Etiam nunc si aliam desideras distinctionem, idos in opere est, idea extra opus, nec tantum extra opus est, sed ante opus.

(22) Quintum genus est eorum quae communiter sunt; haec incipiunt ad nos pertinere; hic sunt omnia, homines, pecora, res. Sextum genus <est> eorum quae quasi sunt, tamquam inane, tamquam tempus.

Quaecumque videmus aut tangimus Plato in illis non numerat quae esse proprie putat; fluunt enim et in assidua deminutione atque adiectione sunt. Nemo nostrum idem est in senectute qui fuit iuvenis; nemo nostrum est idem mane qui fuit pridie. Corpora nostra rapiuntur fluminum more. Quidquid vides currit cum tempore; nihil ex iis quae videmus manet; ego ipse, dum loquor mutari ista, mutatus sum.

(20) Die vierte Stelle wird die „Gestalt" besetzen. Es ist notwendig, seine Aufmerksamkeit darauf zu richten, was diese Gestalt ist, und du kannst diese Pedanterie des Betrachtungsgegenstands Platon in Rechnung stellen, nicht mir; aber ohne Pedanterie gibt es keine [begriffliche] Genauigkeit. Kurz vorher habe ich das Bild des Malers gebraucht. Wenn er Vergil mit Farben nachbilden wollte, betrachtete er ihn genau. Die äußere Erscheinung Vergils war die Idee, das Muster von dem künftigen Werk; was der Künstler daraus ableitet und in sein Werk hineingelegt hat, ist die Gestalt.

(21) Du fragst, worin der Unterschied besteht? Das eine ist das Muster, das andere die Gestalt, die vom Muster gewonnen und dem Werk aufgedrückt wurde; das eine ahmt der Künstler nach, das andere bringt er hervor. Eine Statue besitzt ein beliebiges äußeres Erscheinungsbild, dies ist ihre Gestalt. Eine andere Gestalt hat das Muster selbst, welches der Künstler beim Betrachten zu einer Statue geformt hat, dies ist die Idee. Falls du jetzt immer noch nach einer anderen Gegenüberstellung verlangen solltest: die Gestalt ist im Werk, die Idee ist außerhalb des Werks, und sie existiert nicht nur außerhalb des Werks, sondern schon vor dem Werk.

(22) Die fünfte Gattung ist die von denen, die gewöhnlich existieren; diese fangen an, uns zu betreffen; hierin ist alles [enthalten]: Menschen, Tiere, Dinge. In der sechsten Gattung diejenigen, die gleichsam existieren, wie der leere Raum, wie die Zeit.

Alles, was wir sehen oder berühren, zählt Platon nicht zu jenen, die er für beständig zu sein hält; sie vergehen nämlich und sind in unablässiger Abnahme und Zunahme. Niemand von uns ist im Greisenalter derselbe, der er in der Jugend war. Niemand von uns ist am Morgen derselbe, der er am Tag zuvor war. Unser Körper wird nach Art der Flüsse fortgerissen. Alles, was du siehst, enteilt zugleich mit der Zeit; nichts von dem, was wir sehen, ist von Bestand; ich selbst verändere mich, während ich darüber spreche, dass sich diese Dinge verändern.

(23) Hoc est quod ait Heraclitus: 'In idem flumen bis descendimus et non descendimus'. Manet enim idem fluminis nomen, aqua transmissa est. Hoc in amne manifestius est quam in homine; sed nos quoque non minus velox cursus praetervehit, et ideo admiror dementiam nostram, quod tantopere amamus rem fugacissimam, corpus, timemusque ne quando moriamur, cum omne momentum mors prioris habitus sit: vis tu non timere ne semel fiat quod cotidie fit!

(24) De homine dixi, fluvida materia et caduca et omnibus obnoxia causis: mundus quoque, aeterna res et invicta, mutatur nec idem manet. Quamvis enim omnia in se habeat quae habuit, aliter habet quam habuit: ordinem mutat.

(25) 'Quid ista', inquis, 'mihi subtilitas proderit?' Si me interrogas, nihil; sed quemadmodum ille caelator oculos diu intentos ac fatigatos remittit atque avocat et, ut dici solet, pascit, sic nos animum aliquando debemus relaxare et quibusdam oblectamentis reficere. Sed ipsa oblectamenta opera sint; ex his quoque, si observaveris, sumes quod possit fieri salutare.

(23) Dies ist, was Heraklit sagt: „Wir steigen zweimal in denselben Fluss herab und wir steigen nicht [zweimal in denselben Fluss] herab." Der Name des Flusses bleibt nämlich derselbe, sein Wasser ist dahin gegangen. Das ist augenscheinlicher für einen Strom als für einen Menschen, aber auch an uns zieht der nicht weniger rasche Strom [des Lebens] vorbei, und deshalb wundere ich mich über unseren Unverstand, dass wir so sehr eine flüchtige Sache lieben, den Körper, und fürchten, dass wir irgendeinmal vergehen, obgleich jeder Augenblick der Tod des vorherigen Zustands ist: ziehe du es vor, dich nicht davor zu fürchten, dass ein einziges Mal eintritt, was Tag für Tag eintritt.

(24) Über den Menschen habe ich gesprochen, von hinfälligem, [und] vergänglichem und allen Umständen ausgeliefertem Stoffe: auch die Welt, etwas Unvergängliches und Unerschütterliches, verändert sich und bleibt nicht dieselbe. Denn obgleich sie alles umschließt, was sie [je] in sich hatte, hat sie es anders, als sie es hatte: sie ändert die Anordnung.

(25) „Was wird mir diese [begriffliche] Genauigkeit nützen", fragst du. Wenn du mich fragst: nichts; aber wie jener Ziseleur die Augen, nachdem sie lange Zeit überanstrengt und ermüdet worden sind, erfrischt, [und] ablenkt, und, wie ich zu sagen pflege, weiden lässt, so müssen wir zuweilen den Geist entspannen und durch einige Vergnügungen sich erholen lassen. Aber auch diese Vergnügungen sollten in einer Tätigkeit bestehen; wenn du das beachtest, wirst du auch aus diesen gewinnen, was nützlich sein kann.

(26) Hoc ego, Lucili, facere soleo: ex omni notione, etiam si a philosophia longissime aversa est, eruere aliquid conor et utile efficere. Quid istis quae modo tractavimus remotius a reformatione morum? Quomodo meliorem me facere ideae Platonicae possunt? Quid ex istis traham quod cupiditates meas comprimat? Vel hoc ipsum, quod omnia ista quae sensibus serviunt, quae nos accendunt et irritant, negat Plato ex iis esse quae vere sint.

(27) Ergo ista imaginaria sunt et ad tempus aliquam faciem ferunt, nihil horum stabile nec solidum est; et nos tamen cupimus tamquam aut semper futura aut semper habituri. Imbecilli fluvidique inter vana constitimus: ad illa mittamus animum quae aeterna sunt. Miremur in sublimi volitantes rerum omnium formas deumque inter illa versantem et hoc providentem, quemadmodum quae immortalia facere non potuit, quia materia prohibebat, defendat a morte ac ratione vitium corporis vincat.

(28) Manent enim cuncta, non quia aeterna sunt, sed quia defenduntur cura regentis: immortalia tutore non egerent. Haec conservat artifex fragilitatem materiae vi sua vincens. Contemnamus omnia quae adeo pretiosa non sunt ut an sint omnino dubium sit.

(26) Ich bin es gewohnt, dieses zu tun, Lucilius: ich versuche aus jeder Beobachtung, auch wenn sie sehr weit von der Philosophie entfernt ist, irgendetwas zutage zu fördern und nutzbar zu machen. Was ist von der Verbesserung des Charakters weiter entfernt als die Dinge, die wir soeben untersucht haben? Wie können mich die Ideen Platons besser machen? Was könnte ich aus ihnen ableiten, dass meine Begierden unterdrückt? Wahrscheinlich bloß dieses, dass Platon sagt, dass all die Dinge, die den Affekten untertan sind, die uns entflammen und erregen, nicht von der Art sind, die es tatsächlich gibt.

(27) Also existieren diese in der Einbildung und zur rechten Zeit bringen sie irgendeine Erscheinung hervor; nichts davon ist dauerhaft und nichts wahrhaftig; und wir begehren sie dennoch, obwohl sie weder immer vorhanden sein noch wir sie immer besitzen werden. Schwankend und hinfällig sind wir inmitten von Nichtigkeiten zum Stillstand gekommen: wir sollten den Geist für jenes freigeben, das unvergänglich ist. Lasst uns die in der Höhe schwebenden Urformen aller Dinge bewundern und den Gott, der sich unter ihnen befindet und Sorge dafür trägt, wie er wohl das, was er nicht unsterblich machen konnte, weil der Stoff es verwehrte, vor dem Tode schützt und durch die Vernunft die Laster des Körpers besiegt.

(28) Sie alle bleiben nämlich erhalten, nicht weil sie unvergänglich sind, sondern weil sie durch die Fürsorge desjenigen geschützt werden, der uns lenkt: Unsterbliches hätte keinen Beschützer nötig. Der Schöpfer bewahrt diese, indem er die Schwäche des Stoffes durch seine Stärke überwindet. Wir sollten alles zurückweisen, das so wenig von Wert ist, dass es Zweifel gibt, ob es überhaupt existiert.

(29) Illud simul cogitemus, si mundum ipsum, non minus mortalem quam nos sumus, providentia periculis eximit, posse aliquatenus nostra quoque providentia longiorem prorogari huic corpusculo moram, si voluptates, quibus pars maior perit, potuerimus regere et coercere.

(30) Plato ipse ad senectutem se diligentia protulit. Erat quidem corpus validum ac forte sortitus et illi nomen latitudo pectoris fecerat, sed navigationes ac pericula multum detraxerant viribus; parsimonia tamen et eorum quae aviditatem evocant modus et diligens sui tutela perduxit illum ad senectutem multis prohibentibus causis.

(31) Nam hoc scis, puto, Platoni diligentiae suae beneficio contigisse quod natali suo decessit et annum unum atque octogensimum implevit sine ulla deductione. Ideo magi, qui forte Athenis erant, immolaverunt defuncto, amplioris fuisse sortis quam humanae rati, quia consummasset perfectissimum numerum, quem novem novies multiplicata componunt. Non dubito quin paratus sis et paucos dies ex ista summa et sacrificium remittere.

(29) Jenes sollten wir zugleich bedenken, dass, wenn Vorsorge sogar die Welt – nicht weniger sterblich, als wir es sind – von Gefahren befreit, bis zu einem gewissen Punkt auch durch unsere Vorsorge ein längerer Aufenthalt für diesen zarten Körper verschafft werden kann, falls wir in der Lage sind, die Leidenschaften, an denen ein allzu großer Teil zugrunde geht, zu lenken und im Zaum zu halten.

(30) Platon selbst brachte es auf ein hohes Alter, weil er sich geachtet hat. Er besaß zwar vom Schicksal bestimmt einen gesunden und starken Körper, und der Umfang der Brust hatte ihm den Namen verliehen, aber Seereisen und Wagnisse hatten ihm viel von seinen Kräften entzogen; doch Enthaltsamkeit, [und] Mäßigung in Dingen, die Begierde hervorriefen, und eine gewissenhafte Aufsicht seiner selbst führten ihn ins hohe Greisenalter, obgleich die vielen Umstände ihn zu hindern suchten.

(31) Denn du weißt, denke ich, dass Platon aufgrund seiner Umsicht die Gnade zuteil wurde, dass er an seinem Geburtstag gestorben ist und ohne irgendeinen Abzug das 81. Lebensjahr vollendet hat. Magier, die sich zufällig in Athen aufhielten, haben deshalb dem Verstorbenen geopfert, weil sie glaubten, dass er ein bedeutenderes Schicksal als das eines Menschen besessen habe, da er die vollkommenste Zahl erreicht habe, welche neunmal neun bei der Multiplikation zusammenbringt. Ich hege keinen Zweifel, dass du bereit bist, sowohl auf einige Tage von dieser Gesamtzahl als auch auf ein Opfer zu verzichten.

(32) Potest frugalitas producere senectutem, quam ut non puto concupiscendam, ita ne recusandam quidem; iucundum est secum esse quam diutissime, cum quis se dignum quo frueretur effecit.

Itaque de isto feremus sententiam, an oporteat fastidire senectutis extrema et finem non opperiri sed manu facere. Prope est a timente qui fatum segnis exspectat, sicut ille ultra modum deditus vino est qui amphoram exsiccat et faecem quoque exsorbet.

(33) De hoc tamen quaeremus, pars summa vitae utrum faex sit an liquidissimum ac purissimum quiddam, si modo mens sine iniuria est et integri sensus animum iuvant nec defectum et praemortuum corpus est; plurimum enim refert, vitam aliquis extendat an mortem.

(34) At si inutile ministeriis corpus est, quidni oporteat educere animum laborantem? Et fortasse paulo ante quam debet faciendum est, ne cum fieri debebit facere non possis; et cum maius periculum sit male vivendi quam cito moriendi, stultus est qui non exigua temporis mercede magnae rei aleam redimit. Paucos longissima senectus ad mortem sine iniuria pertulit, multis iners vita sine usu sui iacuit: quanto deinde crudelius iudicas aliquid ex vita perdidisse quam ius finiendae?

(32) Enthaltsamkeit kann zu einem hohen Alter führen, das man, denke ich, zwar nicht anstreben, aber sicher nicht zurückweisen muss; es ist angenehm, eine möglichst lange Zeit mit sich [selbst] zu existieren, wenn sich einer für denjenigen, an dem er sich erfreut, würdig gemacht hat.

Daher werden wir darüber ein Urteil fällen, ob man das Ende des Greisenalters verachten und den Tod nicht abwarten, sondern von eigener Hand gewähren soll. Der sein Schicksal träge erwartet, steht nahe bei dem, der sich fürchtet, gleichsam wie jener über das Maß hinaus dem Wein zugetan ist, der den Krug leert und [dabei] auch den Bodensatz ausschlürft.

(33) Trotzdem werden wir danach fragen, ob der letzte Teil des Lebens wohl der Bodensatz ist, oder etwas sehr Heiteres und Reines, sofern nur der Verstand ohne Beeinträchtigung ist, [und] gesunde Gedanken den Geist erfreuen, und der Körper nicht entkräftet und frühzeitig erloschen ist; es kommt nämlich darauf an, ob jemand das Leben in die Länge zieht oder den Tod.

(34) Aber wenn der Körper unbrauchbar ist für seinen Dienst, warum sollte man die Not leidende Seele nicht herausführen dürfen? Und möglicherweise muss es ein wenig vorher getan werden, als es bestimmt ist, um imstande zu sein, es auszuführen, wenn es geschehen soll; und wenn die Gefahr größer ist, ein unglückliches Leben zu führen als schnell zu sterben, ist derjenige töricht, der für einen geringen Preis an Zeit nicht die Ungewissheit in einer wichtigen Angelegenheit abwendet. Nur wenige hat ein sehr hohes Alter ohne Unbill an den Tod übergeben, für viele ist ein untätiges Leben ohne angemessene Verwendung hoffnungslos gewesen: hältst du es dann für so viel schrecklicher, etwas vom Leben verloren zu haben, als das Recht, es zu beenden?

(35) Noli me invitus audire, tamquam ad te iam pertineat ista sententia, et quid dicam aestima: non relinquam senectutem, si me totum mihi reservabit, totum autem ab illa parte meliore; at si coeperit concutere mentem, si partes eius convellere, si mihi non vitam reliquerit sed animam, prosiliam ex aedificio putri ac ruenti.

(36) Morbum morte non fugiam, dumtaxat sanabilem nec officientem animo. Non afferam mihi manus propter dolorem: sic mori vinci est. Hunc tamen si sciero perpetuo mihi esse patiendum, exibo, non propter ipsum, sed quia impedimento mihi futurus est ad omne propter quod vivitur; imbecillus est et ignavus qui propter dolorem moritur, stultus qui doloris causa vivit.

(37) Sed in longum exeo; est praeterea materia quae ducere diem possit: et quomodo finem imponere vitae poterit qui epistulae non potest? Vale ergo: quod libentius quam mortes meras lecturus es. Vale.

———

(35) Höre mich ja nicht unwillig an, als ob dieser Gedanke jetzt womöglich auf dich abzielt, sondern beurteile, was ich sage: ich werde das Greisenalter nicht hinter mir lassen, wenn es mich in vollem Umfang für mich aufspart, in vollem Umfang jedoch in der oben genannten recht günstigen Hinsicht; wenn es hingegen beginnt, den Geist zu zerrütten, wenn es Teile von ihm aus seiner Bahn reißt, wenn es mir nicht das Leben lässt, sondern [nur] einen Hauch des Lebens, werde ich aus dem morschen und einstürzenden Gebäude herausstürzen.

(36) Ich werde einer Krankheit nicht durch den Tod entfliehen, sofern sie nur heilbar ist und nicht den Geist beeinträchtigt. Des Schmerzes wegen werde ich nicht Hand an mich legen: so zu sterben, heißt besiegt zu werden. Doch wenn ich weiß, dass ich einen solchen ununterbrochen erleiden muss, werde ich ausrücken, nicht seiner selbst wegen, sondern weil er mir ein Hindernis sein wird bei allem, wofür man lebt; schwach und feige ist, wer vom Schmerz veranlasst den Tod findet, töricht, wer um des Schmerzes willen das Leben erhält.

(37) Doch ich schweife zu weit ab; außerdem ist es ein Thema, das einen über den [ganzen] Tag fesseln kann: und wie wird einer seinem Leben ein Ende setzen können, der es nicht bei einem Brief kann? Lebe also wohl: das wirst du lieber lesen, als nichts weiter als über den Tod. Lebe wohl.

Seneca Lucilio suo Salutem,

(1) Magnam ex epistula tua percepi voluptatem; permitte enim mihi uti verbis publicis nec illa ad significationem Stoicam revoca. Vitium esse voluptatem credimus. Sit sane; ponere tamen illam solemus ad demonstrandam animi hilarem affectionem.

(2) Scio, inquam, et voluptatem, si ad nostrum album verba derigimus, rem infamem esse et gaudium nisi sapienti non contingere; est enim animi elatio suis bonis verisque fidentis. Vulgo tamen sic loquimur ut dicamus magnum gaudium nos ex illius consulatu aut nuptiis aut ex partu uxoris percepisse, quae adeo non sunt gaudia ut saepe initia futurae tristitiae sint; gaudio autem iunctum est non desinere nec in contrarium verti.

(3) Itaque cum dicit Vergilius noster

et mala mentis gaudia,

diserte quidem dicit, sed parum proprie; nullum enim malum gaudium est. Voluptatibus hoc nomen imposuit et quod voluit expressit; significavit enim homines malo suo laetos.

Seneca grüßt seinen Lucilius,

(1) Auf deinen Brief hin habe ich eine große Freude empfunden; erlaube mir nämlich, allgemein übliche Worte zu verwenden und beziehe sie nicht auf die stoische Bedeutung. Wir glauben, dass eine [lustvolle] Freude ein Laster ist. Sei es denn; trotzdem führen wir sie an, um einen heiteren Zustand des Gemüts zu bezeichnen.

(2) Ich weiß, ich wiederhole es, dass einerseits die [lustvolle] Freude, wenn wir die Worte nach unserer [stoischen] Liste bestimmen, eine schimpfliche Sache ist, dass andererseits die [wahre] Freude nur dem Weisen zuteil wird; sie ist nämlich ein Aufschwung des Geistes, der auf seinen Gütern und Wahrheiten beruht. Trotzdem nennen wir es so vor dem einfachen Volk, um auszudrücken, dass uns vom Konsulat jenes berühmten [Mannes] an oder nach Hochzeiten oder nach der Niederkunft der Ehefrau eine große Freude erfasst hat, die in dem Maße keine Freuden sind, als dass sie oft als Ursprung künftigen Trübsals gelten; mit [wahrer] Freude ist verbunden, dass sie nicht endet und sich nicht ins Gegenteil verkehrt.

(3) Also wenn unser Vergil sagt:

„und die üblen Freuden des Herzens",

bringt er es gewiss wohl formuliert vor, aber nicht recht passend; denn es gibt keine üble Freude. Er hat der Sinneslust diesen Namen gegeben und er legt genau dar, was es bedeutet; er bezeichnet nämlich in ihrem Leid fröhliche Menschen.

(4) Tamen ego non immerito dixeram cepisse me magnam ex epistula tua voluptatem; quamvis enim ex honesta causa imperitus homo gaudeat, tamen affectum eius impotentem et in diversum statim inclinaturum voluptatem voco, opinione falsi boni motam, immoderatam et immodicam. Sed ut ad propositum revertar, audi quid me in epistula tua delectaverit: habes verba in potestate, non effert te oratio nec longius quam destinasti trahit.

(5) Multi sunt qui ad id quod non proposuerant scribere alicuius verbi placentis decore vocentur, quod tibi non evenit: pressa sunt omnia et rei aptata; loqueris quantum vis et plus significas quam loqueris. Hoc maioris rei indicium est: apparet animum quoque nihil habere supervacui, nihil tumidi.

(6) Invenio tamen translationes verborum ut non temerarias ita quae periculum sui fecerint; invenio imagines, quibus si quis nos uti vetat et poetis illas solis iudicat esse concessas, neminem mihi videtur ex antiquis legisse, apud quos nondum captabatur plausibilis oratio: illi, qui simpliciter et demonstrandae rei causa eloquebantur, parabolis referti sunt, quas existimo necessarias, non ex eadem causa qua poetis, sed ut imbecillitas nostrae adminicula sint, ut et dicentem et audientem in rem praesentem adducant.

(4) Trotzdem hatte ich nicht zu Unrecht gesagt, dass ich auf deinen Brief hin eine große Freude empfunden habe; es mag sich ein unerfahrener Mensch aus ehrenwertem Grund auch noch so sehr freuen, dennoch nenne ich dessen Empfindung leidenschaftlich und eine Sinneslust, die sich sogleich ins Entgegengesetzte neigen will, die durch die Erwartung eines unbegründeten Guts hervorgerufen wurde, maß- und zügellos. Aber, um zum Thema zurückzukommen, vernimm, was mich an deinem Brief erfreut hat: du hast die Worte in deiner Gewalt, die Rede reißt dich nicht fort und du ziehst sie nicht länger hin, als du dir vorgenommen hast.

(5) Es gibt viele, die zu dem, was sie sich zu schreiben nicht vorgenommen hatten, durch den Glanz irgendeines gefälligen Wortes verlockt werden – das passiert dir nicht: alles ist präzise und der Sache angepasst; du sprichst aus, so viel du für wünschenswert hältst, und gibst mehr zu erkennen, als du aussprichst. Das ist der Beweis für etwas Bedeutenderes: es geht [daraus] hervor, dass auch der Verstand nichts Überflüssiges besitzt, nichts Aufgeblähtes.

(6) Gleichwohl entdecke ich metaphorische Äußerungen, zwar keine unüberlegten, aber welche, die etwas Eigenes wagten; ich finde Bilder, von denen mir scheint – wenn etwa einer uns verbietet, sie zu verwenden, und urteilt, dass sie allein den Dichtern erlaubt sind –, dass niemand sie bei den Alten gelesen hat, bei denen eine auf Beifall berechnete Rede noch nicht angestrebt wurde: jene, die leicht verständlich und zur Darlegung des Sachthemas sprachen, sind reich an Gleichnissen, die ich für notwendig halte, nicht aus demselben Grund wie bei den Dichtern, sondern um Stützpfeiler für unsere Schwäche zu sein, um sowohl denjenigen, der eine Rede hält, als auch denjenigen, der den Vortrag hört, an den eben vorliegenden Sachverhalt heranzuführen.

(7) Sextium ecce cum maxime lego, virum acrem, Graecis verbis, Romanis moribus philosophantem. Movit me imago ab illo posita: ire quadrato agmine exercitum, ubi hostis ab omni parte suspectus est, pugnae paratum. 'Idem', inquit, 'sapiens facere debet: omnis virtutes suas undique expandat, ut ubicumque infesti aliquid orietur, illic parata praesidia sint et ad nutum regentis sine tumultu respondeant.' Quod in exercitibus iis quos imperatores magni ordinant fieri videmus, ut imperium ducis simul omnes copiae sentiant, sic dispositae ut signum ab uno datum peditem simul equitemque percurrat, hoc aliquanto magis necessarium esse nobis ait.

(8) Illi enim saepe hostem timuere sine causa, tutissimumque illis iter quod suspectissimum fuit: nihil stultitia pacatum habet; tam superne illi metus est quam infra; utrumque trepidat latus; sequuntur pericula et occurrunt; ad omnia pavet, imparata est et ipsis terretur auxiliis. Sapiens autem, ad omnem incursum munitus, intentus, non si paupertas, non si luctus, non si ignominia, non si dolor impetum faciat, pedem referet: interritus et contra illa ibit et inter illa.

(7) Schau, ich lese eben jetzt den Sextius, einen scharfsinnigen Mann, der in griechischer Sprache mit römischer Denkart philosophiert. Ein von ihm geäußertes Gleichnis hat mich beeindruckt: dass ein Heer, wenn es gut für den Kampf vorbereitet ist, im geordneten Zug marschiert, sobald der Feind aus jeder Richtung [zu kommen] verdächtig ist. „Dasselbe", sagt er, „muss der Weise tun: er sollte all seine Tugenden überall hin ausbreiten, damit, wo immer etwas Feindseliges sich erhebt, dort kampfbereite Posten stehen und auf Geheiß des Regenten ohne Aufregung Antwort erteilen." Was wir in solchen Heeren, welche große Befehlshaber aufstellen, eintreten sehen, dass [nämlich] alle Truppen gleichzeitig die Anweisung des Heerführers wahrnehmen, weil sie so angeordnet wurden, dass das von einem Einzelnen gegebene Signal gleichzeitig die Infanteristen und die Reiterei durchläuft, das, sagt er, sei für uns noch bedeutend notwendiger.

(8) Jene [Truppen] nämlich haben den Feind oft ohne Grund gefürchtet, und am sichersten war für sie der Weg, der am verdächtigsten [war]: die Einfalt betrachtet nichts als Freundesland, sowohl oberhalb befindlich hegt sie Furcht als auch unterhalb; an jeder Flanke läuft sie ängstlich hin und her; Gefahren folgen [ihr] und kommen [ihr] entgegen; vor allem hat sie Angst; sie ist unvorbereitet und erschrickt selbst vor den Hilfstruppen. Der Weise jedoch, gegen jeden Ansturm geschützt, kampfbereit, wird nicht zurückweichen wenn die Armut, nicht wenn die Trauer, nicht wenn die Schande, nicht wenn der Schmerz ihn angreifen sollte: unerschrocken wird er ihnen sowohl entgegen als auch mitten unter sie treten.

(9) Nos multa alligant, multa debilitant. Diu in istis vitiis iacuimus, elui difficile est; non enim inquinati sumus sed infecti.

Ne ab alia imagine ad aliam transeamus, hoc quaeram quod saepe mecum dispicio, quid ita nos stultitia tam pertinaciter teneat? Primo quia non fortiter illam repellimus nec toto ad salutem impetu nitimur, deinde quia illa quae a sapientibus viris reperta sunt non satis credimus nec apertis pectoribus haurimus leviterque tam magnae rei insistimus.

(10) Quemadmodum autem potest aliquis quantum satis sit adversus vitia discere, qui quantum a vitiis vacat discit? Nemo nostrum in altum descendit; summa tantum decerpsimus et exiguum temporis inpendisse philosophiae satis abundeque occupatis fuit.

(11) Illud praecipue inpedit, quod cito nobis placemus; si invenimus qui nos bonos viros dicat, qui prudentes, qui sanctos, adgnoscimus. Non sumus modica laudatione contenti: quidquid in nos adulatio sine pudore congessit tamquam debitum prendimus. Optimos nos esse, sapientissimos adfirmantibus adsentimur, cum sciamus illos saepe multa mentiri; adeoque indulgemus nobis ut laudari velimus in id cui contraria cum maxime facimus. Mitissimum ille se in ipsis suppliciis audit, in rapinis liberalissimum et in ebrietatibus ac libidinibus temperantissimum; sequitur itaque ut ideo mutari nolimus quia nos optimos esse credidimus.

(9) Vieles hemmt uns, vieles lähmt [uns]. Eine geraume Zeit haben wir wegen dieser Verfehlungen darniedergelegen; sich reinzuwaschen ist schwierig; wir sind nämlich nicht beschmutzt worden, sondern vergiftet.

Um nicht von einem Gleichnis zum anderen überzugehen, will ich Folgendes zu ergründen suchen, was ich oft an mir [selbst] erkenne – wieso die Torheit uns so beharrlich fesselt? Zuerst, weil wir sie nicht unerschrocken zurückweisen und nicht mit ganzem Drang zum Wohlergehen streben, zweitens, weil wir den erwähnten Dingen, die von klugen Leuten entdeckt wurden, nicht genügend Glauben schenken und weder mit offenen Herzen aufnehmen noch uns ernsthaft einer so bedeutenden Sache hingeben.

(10) Wie jedoch kann einer lernen, wie viel genug ist gegen seine Verfehlungen, der [nur] lernt, sofern er von seinen Verfehlungen her Zeit findet? Niemand von uns ist in die Tiefe eingedrungen; nur das Oberste haben wir abgepflückt, und ein wenig Zeit für die Philosophie geopfert zu haben, war uns viel Beschäftigten genug und mehr als genug.

(11) Vor allem dieses hindert uns: dass wir schnell mit uns zufrieden sind; falls wir auf jemanden stoßen, der uns gute, der uns kluge, der uns ehrwürdige Männer nennt, lassen wir das gelten. Wir begnügen uns nicht mit einer gemäßigten Lobrede: mit was auch immer die Schmeichelei uns ohne Scham überhäuft hat, wir fassen es gleichsam als Schuldigkeit auf. Wir stimmen denen zu, die beteuern, dass wir die Besten, die Klügsten sind, obwohl wir wissen, dass sie vieles oft fälschlich vorbringen; und wir sind so sehr nachsichtig mit uns, dass wir für das gelobt werden wollen, von dem wir gerade eben das Gegenteil tun. Äußerst milde gilt sich jener da selbst bei Bestrafungen, äußerst anständig bei Raubzügen und äußerst maßvoll bei Trinkgelagen und wollüstigen Ausschweifungen; es folgt also, dass wir uns deshalb nicht ändern wollen, weil wir für wahr gehalten haben, dass wir die Besten sind.

(12) Alexander cum iam in India vagaretur et gentes ne finitimis quidem satis notas bello vastaret, in obsidione cuiusdam urbis, <dum> circumit muros et inbecillissima moenium quaerit, sagitta ictus diu persedere et incepta agere perseveravit. Deinde cum represso sanguine sicci vulneris dolor cresceret et crus suspensum equo paulatim obtorpuisset, coactus absistere: 'omnes', inquit, 'iurant esse me Iovis filium, sed vulnus hoc hominem esse me clamat.'

(13) Idem nos faciamus. Pro sua quemque portione adulatio infatuat: dicamus: 'Vos quidem dicitis me prudentem esse, ego autem video quam multa inutilia concupiscam, nocitura optem. Ne hoc quidem intellego quod animalibus satietas monstrat, quis cibo debeat esse, quis potioni modus; quantum capiam adhuc nescio.'

(12) Als er schon in Indien umherstreifte und Gegenden durch Krieg verwüstete, die nicht einmal den Grenznachbarn ausreichend bekannt waren, hat Alexander der Große bei der Belagerung einer Stadt, während er um die Mauern herumritt und die Schwachstellen der Burg suchte, obgleich von einem Pfeil getroffen, lange Zeit darauf beharrt, im Sattel zu bleiben und sein Vorhaben weiter zu verfolgen. Als danach wegen des gehemmtem Blutflusses der Schmerz in der trockenen Wunde zunahm und sein vom Pferd herunterhängendes Bein allmählich gefühllos geworden war, sagte er, gezwungen aufzugeben: „Alle schwören, dass ich ein Sohn Jupiters bin, aber diese Wunde verrät, dass ich ein Mensch bin."

(13) Dasselbe müssen wir tun. Die Schmeichelei betört den Einzelnen nach seinen Verhältnissen: lasst uns [daher] sagen: „Ihr verkündet zwar laut, dass ich klug bin, ich hingegen sehe, wie ich viel Überflüssiges begehre, wie ich auswähle, was Unheil anrichten wird. Nicht einmal das erkenne ich, was bei Lebewesen auf eine Sättigung hinweist, was das Maß für die Nahrung, was das Maß für den Trank sein sollte; bis heute weiß ich nicht, wie viel ich in mich aufnehmen kann.

(14) Iam docebo quemadmodum intellegas te non esse sapientem. Sapiens ille plenus est gaudio, hilaris et placidus, inconcussus; cum dis ex pari vivit. Nunc ipse te consule: si numquam maestus es, <si> nulla spes animum tuum futuri exspectatione sollicitat, si per dies noctesque par et aequalis animi tenor erecti et placentis sibi est, pervenisti ad humani boni summam; sed si appetis voluptates et undique et omnes, scito tantum tibi ex sapientia quantum ex gaudio deesse. Ad hoc cupis pervenire, sed erras, qui inter divitias illuc venturum esse te speras, inter honores, id est gaudium inter sollicitudines quaeris: ista, quae sic petis tamquam datura laetitiam ac voluptatem, causae dolorum sunt.

(15) Omnes, inquam, illo tendunt ad gaudium, sed unde stabile magnumque consequantur ignorant: ille ex conviviis et luxuria, ille ex ambitione et circumfusa clientium turba, ille ex amica, alius ex studiorum liberalium vana ostentatione et nihil sanantibus litteris – omnes istos oblectamenta fallacia et brevia decipiunt, sicut ebrietas, quae unius horae hilarem insaniam longi temporis taedio pensat, sicut plausus et acclamationis secundae favor, qui magna sollicitudine et partus est et expiandus.

(14) Nun werde ich darlegen, wie du erkennen kannst, dass du nicht weise bist. Der Weise ist erfüllt von der schon erwähnten Freude, heiter und ruhig, unerschütterlich; mit den Göttern lebt er auf gleicher Ebene. Jetzt befrage dich selbst: wenn du niemals betrübt bist, wenn keinerlei Hoffnung dein Herz mit Sehnsucht auf die Zukunft verführt, wenn Tag und Nacht hindurch die Eigenart der erhabenen und mit sich selbst zufriedenen Seele vollkommen die gleiche ist, hast du den Gipfel des menschlichen Glücks erreicht; aber wenn du nach Vergnügungen verlangst, sowohl in jeder Hinsicht als auch von jeder Art, solltest du einsehen, dass dir so viel an Weisheit fehlt wie an Freude. Zu letzterer willst du gelangen, aber du irrst, wenn du hoffst, dass du inmitten des Reichtums dorthin kommen wirst, inmitten der Ehrenämter, das heißt, wenn du die Freude inmitten der Unruhen suchst; die Dinge, die du unter solchen Umständen anstrebst, gleichsam in der Absicht, Fröhlichkeit und Vergnügen hervorzubringen, sind die Ursache der Leiden.

(15) Alle, sage ich, zieht es dorthin, zur Freude, aber sie wissen nicht, woraus sie eine dauerhafte und große [Freude] gewinnen können: einer [meint] aus Gesellschaften und Prunkliebe, einer aus Ehrgeiz und der Schar von Gefolgsleuten, die ihn umgibt, einer aus der Geliebten, ein anderer aus eitler Prahlerei mit seinen Studien der freien Künste und aus einer Gelehrsamkeit, die in keiner Weise [geistig] gesund macht – all diese leiten die täuschenden und seichten Vergnügungen in die Irre, sowie die Trunkenheit, welche die vergnügte Vernunftlosigkeit einer einzelnen Stunde mit einem langandauernden Zeitraum der Übelkeit vergilt, sowie der Beifall und die Gunstbezeugung des geneigten Zurufs, der mit großer unruhiger Spannung sowohl gewonnen wurde, als auch besänftigt werden muss.

(16) Hoc ergo cogita, hunc esse sapientiae effectum, gaudii aequalitatem. Talis est sapientis animus qualis mundus super lunam: semper illic serenum est. Habes ergo et quare velis sapiens esse, si numquam sine gaudio est. Gaudium hoc non nascitur nisi ex virtutum conscientia: non potest gaudere nisi fortis, nisi iustus, nisi temperans.

(17) 'Quid ergo', inquis, 'stulti ac mali non gaudent?' Non magis quam praedam nancti leones: cum fatigaverunt se vino ac libidinibus, cum illos nox inter vitia defecit, cum voluptates angusto corpori ultra quam capiebat ingestae suppurare coeperunt, tunc exclamant miseri Vergilianum illum versum:

... namque ut supremam falsa inter gaudia noctem
egerimus nosti.

(18) Omnem luxuriosi noctem inter falsa gaudia et quidem tamquam supremam agunt: illud gaudium quod deos deorumque aemulos sequitur non interrumpitur, non desinit; desineret, si sumptum esset aliunde. Quia non est alieni muneris, ne arbitrii quidem alieni est: quod non dedit fortuna non eripit. Vale.

---

(16) Deshalb bedenke also, dass Folgendes die Vollendung der Weisheit ist: ein Gleichmaß an Freude. Das Gemüt des Weisen ist so beschaffen wie das Weltall jenseits des Mondes: dort ist immer ein heiterer Himmel. Wenn er niemals ohne Freude ist, weißt du folglich auch, warum du begehren sollst, weise zu sein. Diese Freude entsteht nur aus dem Bewusstsein der Tugenden: er kann keine Freude finden, wenn er nicht tapfer, wenn er nicht gerecht, wenn er nicht maßvoll [ist].

(17) „Was nun also", sagst du, „empfinden die Dummen und die Schlechten keine Freude?" Nicht mehr als Löwen, die zufällig auf Beute gestoßen sind: wenn sie sich durch Wein und sinnliche Lüste erschöpft haben, wenn ihnen umgeben von Lastern die Nacht zu kurz war, wenn die Vergnügungen begonnen haben zu schwären, die dem beschränkten Leib über das hinaus, was er fassen [konnte], aufgenötigt wurden, dann rufen die Unglücklichen jenen bekannten Vers von Vergil aus:

… denn wie wir die letzte Nacht inmitten trügerischer Freuden vergeudet haben, weißt du.

(18) Inmitten trügerischer Freuden verleben die Ausschweifenden ein jede Nacht gleichsam wie die letzte: jene Freude, welche den Göttern und den Nachahmern der Götter folgt, wird nicht unterbrochen, vergeht nicht; sie würde vergehen, wenn man sie von anderswoher in Empfang genommen hätte. Weil sie nicht einer fremden Gabe entstammt, ist sie auch nicht einer fremden Willkür unterworfen: was das Schicksal nicht überlassen hat, entreißt es nicht. Lebe wohl.

Liber VI – Epistula LX

Seneca Lucilio suo Salutem,

(1) Queror, litigo, irascor. Etiam nunc optas quod tibi optavit nutrix tua aut paedagogus aut mater? Nondum intellegis quantum mali optaverint? O quam inimica nobis sunt vota nostrorum! Eo quidem inimiciora quo cessere felicius. Iam non admiror si omnia nos a prima pueritia mala sequuntur: inter exsecrationes parentum crevimus. Exaudiant di quandoque nostram pro nobis vocem gratuitam.

(2) Quousque poscemus aliquid deos? Quasi ita nondum ipsi alere nos possumus? Quamdiu sationibus implebimus magnarum urbium campos? Quamdiu nobis populus metet? Quamdiu unius mensae instrumentum multa navigia et quidem non ex uno mari subvehent? Taurus paucissimorum iugerum pascuo impletur; una silva elephantis pluribus sufficit: homo et terra et mari pascitur.

(3) Quid ergo? Tam insatiabilem nobis natura alvum dedit, cum tam modica corpora dedisset, ut vastissimorum edacissimorumque animalium aviditatem vinceremus? Minime; quantulum est enim quod naturae datur! Parvo illa dimittitur: non fames nobis ventris nostri magno constat sed ambitio.

Buch 6 – Brief 60

(1) Ich jammere, ich hadere, ich werde zornig. Auch jetzt noch wünschst du, was dir deine Amme, dein Erzieher oder deine Mutter gewünscht haben. Verstehst du noch nicht, wie viel Schlechtes sie dir gewünscht haben? Ach, wie nachteilig sind uns die Wünsche der Unsrigen! Ja umso feindlicher, je reicher sie zuteil wurden. Gewiss wundere ich mich nicht, wenn uns alles Schlechte von frühster Kindheit an verfolgt: wir sind herangewachsen unter den Verwünschungen der Eltern. Mögen die Götter irgendwann einmal unsere uneigennützige Stimme zu unseren Gunsten erhören.

(2) Wie lange noch werden wir dieses und jenes von den Göttern haben wollen, als ob wir also noch nicht in der Lage sind, uns selbst zu nähren? So lange bis wir die Ebenen der großen Städte vollkommen mit unseren Saatfeldern bedecken werden? So lange bis eine Völkerschaft für uns ernten wird? So lange bis zahlreiche Schiffe, und gewiss nicht aus einem einzigen Meer, die Vorräte für eine einzige Tafel herbeischaffen werden? Ein Stier wird auf einer Weide von sehr wenigen Morgen Land gesättigt; ein einziger Wald reicht aus für mehrere Elefanten: [nur] der Mensch nährt sich sowohl vom Land als auch vom Meer.

(3) „Was nun also? Hat uns die Natur, obgleich sie einen so kleinen Körper dargereicht hatte, einen so unersättlichen Magen beschert, dass wir das gierige Verlangen der riesigsten und gefräßigsten Lebewesen übertreffen? Keineswegs; wie wenig nämlich ist, was durch die Natur bestimmt wird! Mit einer Kleinigkeit wird er befriedigt: nicht die Gier unseres Magens kommt uns teuer zu stehen, sondern der Ehrgeiz.

(4) Hos itaque, ut ait Sallustius, 'ventri oboedientes' animalium loco numeremus, non hominum, quosdam vero ne animalium quidem, sed mortuorum. Vivit is qui multis usui est, vivit is qui se utitur; qui vero latitant et torpent sic in domo sunt quomodo in conditivo. Horum licet in limine ipso nomen marmori inscribas: mortem suam antecesserunt. Vale.

———

(4) Wir sollten deshalb, wie Sallust es sagt, diejenigen, die „dem Magen gehorchen", dem Stand der Tiere zurechnen, nicht der Menschen, manche tatsächlich nicht einmal der Tiere, sondern der Toten. Derjenige lebt, der vielen zu Nutzen ist, derjenige lebt, der von sich [selbst] Gebrauch macht; die sich aber verborgen halten und untätig herumsitzen, leben so in ihrem Haus wie in einem Grab. Den Namen von solchen darf man auf einer Marmorplatte genau auf ihrer Türschwelle einmeißeln: sie sind ihrem Tod vorausgeeilt. Lebe wohl.

Liber VI – Epistula LXI

Seneca Lucilio suo Salutem,

(1) Desinamus quod voluimus velle. Ego certe id ago <ne> senex eadem velim quae puer volui. In hoc unum eunt dies, in hoc noctes, hoc opus meum est, haec cogitatio, imponere veteribus malis finem. Id ago ut mihi instar totius vitae dies sit; nec mehercules tamquam ultimum rapio, sed sic illum aspicio tamquam esse vel ultimus possit.

(2) Hoc animo tibi hanc epistulam scribo, tamquam me cum maxime scribentem mors evocatura sit; paratus exire sum, et ideo fruar vita quia quam diu futurum hoc sit non nimis pendeo. Ante senectutem curavi ut bene viverem, in senectute ut bene moriar; bene autem mori est libenter mori.

(3) Da operam ne quid umquam invitus facias: quidquid necesse futurum est repugnanti, id volenti necessitas non est. Ita dico: qui imperia libens excipit partem acerbissimam servitutis effugit, facere quod nolit; non qui iussus aliquid facit miser est, sed qui invitus facit. Itaque sic animum componamus ut quidquid res exiget, id velimus, et in primis ut finem nostri sine tristitia cogitemus.

----------- ☙ -----------

Buch 6 – Brief 61

Seneca grüßt seinen Lucilius,

(1) Lasst uns nicht weiter wollen, was wir gewollt haben. Ich wenigstens beabsichtige, als alter Mann nicht dasselbe zu begehren, was ich als Knabe begehrt habe. Einzig auf dieses Ziel hin vergehen die Tage, auf dieses hin die Nächte, dieses ist meine Aufgabe, dieses mein Denken: den alten Übeln ein Ende zu bereiten. Ich arbeite darauf hin, dass mir ein Tag so viel gilt wie ein ganzes Leben; und ich raffe ihn wahrhaftig nicht an mich wie den letzten, sondern ich betrachte ihn so, als ob er wohl der letzte sein könnte.

(2) In einer solchen Stimmung schreibe ich dir diesen Brief, als ob der Tod, während ich schreibe, mehr denn je die Absicht hat, mich zu sich zu rufen; ich bin bereit hinauszugehen, und ich werde deshalb das Leben genießen, weil ich nicht allzu sehr im Ungewissen bin, wie lange es währen wird. Vor dem Greisenalter war ich darauf bedacht, dass ich gut lebe, im Greisenalter, dass ich gut sterbe; gut zu sterben heißt aber, bereitwillig zu sterben.

(3) Arbeite darauf hin, dass du niemals etwas gegen deinen Willen tust: alles, was für denjenigen, der dagegen ankämpft, notwendig sein wird, ist für denjenigen, der es will, keine Notwendigkeit. Daher behaupte ich: wer bereitwillig Befehle empfängt, entflieht dem schmerzlichsten Teil der Knechtschaft: zu tun, was er nicht [tun] will; nicht wer auf Befehl etwas tut, ist unglücklich, sondern wer es gegen seinen Willen tut. Daher müssen wir den Geist auf eine Weise ordnen, dass wir wollen, was auch immer die Lage erfordern wird, und vor allem, dass wir ohne Traurigkeit an unser Ende denken.

(4) Ante ad mortem quam ad vitam praeparandi sumus. Satis instructa vita est, sed nos in instrumenta eius avidi sumus; deesse aliquid nobis videtur et semper videbitur: ut satis vixerimus, nec anni nec dies faciunt sed animus. Vixi, Lucili carissime, quantum satis erat; mortem plenus exspecto. Vale.

———————

(4) Wir müssen uns eher auf den Tod als auf das Leben vorbereiten. Das Leben ist hinreichend ausgestattet, aber wir sind erpicht auf dessen Zierrat; es erscheint uns, und es wird uns stets erscheinen, dass irgendetwas fehlt: dass wir recht wohl gelebt haben, bewirken weder Jahre noch Tage, sondern die innere Haltung. Ich habe gelebt, teuerster Lucilius, so lange wie es genug war; reich an allem erwarte ich den Tod. Lebe wohl.

Seneca Lucilio suo Salutem,

(1) Mentiuntur qui sibi obstare ad studia liberalia turbam negotiorum videri volunt: simulant occupationes et augent et ipsi se occupant. Vaco, Lucili, vaco, et ubicumque sum, ibi meus sum. Rebus enim me non trado sed commodo, nec consector perdendi temporis causas; et quocumque constiti loco, ibi cogitationes meas tracto et aliquid in animo salutare converso.

(2) Cum me amicis dedi, non tamen mihi abduco nec cum illis moror quibus me tempus aliquod congregavit aut causa ex officio nata civili, sed cum optimo quoque sum; ad illos, in quocumque loco, in quocumque saeculo fuerunt, animum meum mitto.

(3) Demetrium, virorum optimum, mecum circumfero et relictis conchyliatis cum illo seminudo loquor, illum admiror. Quidni admirer? Vidi nihil ei deesse. Contemnere aliquis omnia potest, omnia habere nemo potest: brevissima ad divitias per contemptum divitiarum via est. Demetrius autem noster sic vivit, non tamquam contempserit omnia, sed tamquam aliis habenda permiserit. Vale.

———

Buch 6 – Brief 62

Seneca grüßt seinen Lucilius,

(1) Fälschliches bringen diejenigen vor, die den Anschein erwecken wollen, dass der Trubel der geschäftlichen Tätigkeiten sie an wissenschaftlichen Studien hindert: sie täuschen Geschäfte vor, [und] übertreiben sie und nehmen sich selbst in Beschlag. Ich bin frei, Lucilius, ich bin frei, und wo auch immer ich lebe, ich bin dort mir [selbst] gehörig. Ich liefere mich nämlich nicht den Dingen aus, sondern ich richte sie angemessen ein, und ich suche keine Anlässe, um meine Zeit zu verschwenden; und an welchem Ort auch immer ich mir gleich bleibe, dort überdenke ich meine Entschlüsse und erwäge irgendetwas Heilsames in meinem Geiste.

(2) Sooft ich mich den Freunden widme, werde ich mir dennoch nicht untreu und ich verweile auch nicht bei solchen, mit denen mich irgendein [zufälliger] Umstand zusammengeführt hat oder eine Angelegenheit, die der Bürgerpflicht entsprungen ist, sondern bin gerade mit den Besten zusammen; an welchem Ort auch immer, zu welcher Zeit auch immer sie existiert haben, ihnen entsende ich meinen Geist.

(3) Demetrios, einen äußerst vortrefflichen Mann, trage ich mit mir und, obgleich von den in purpur Gekleideten aufgegeben, spreche ich mit jenem wohlbekannten Halbnackten, bewundere ihn. Warum sollte ich ihn nicht bewundern? Ich habe verstanden, dass es ihm an nichts mangelt. Geringschätzen kann einer alles, alles besitzen kann keiner: der kürzeste Weg zum Reichtum führt über die Geringschätzung des Reichtums. Unser Demetrios aber lebt auf eine Weise, als ob er nicht alles verschmäht, sondern als ob er es anderen zum Besitz überlassen habe. Lebe wohl.